成语说史系列

成语说

资治通鉴

3 大汉雄风 II

刘 娟◎著

人民文学出版社

图书在版编目(CIP)数据

成语说《资治通鉴》. 3，大汉雄风 II/刘娟著.
—北京：人民文学出版社，2023
（成语说史系列）
ISBN 978-7-02-017979-4

Ⅰ.①成⋯ Ⅱ.①刘⋯ Ⅲ.①《资治通鉴》-少儿读
物 Ⅳ.①K204.3-49

中国国家版本馆 CIP 数据核字（2023）第 079808 号

责任编辑　胡司棋　邱小群
装帧设计　李苗苗

出版发行　人民文学出版社
社　　址　北京市朝内大街 166 号
邮政编码　100705

印　　制　上海盛通时代印刷有限公司
经　　销　全国新华书店等

字　　数　205 千字
开　　本　720 毫米×1000 毫米　1/16
印　　张　17
版　　次　2023 年 7 月北京第 1 版
印　　次　2023 年 7 月第 1 次印刷

书　　号　978-7-02-017979-4
定　　价　68.00 元

如有印装质量问题，请与本社图书销售中心调换。电话：010 - 65233595

　　为响应国家关于"传承发展中华优秀传统文化，增强国家文化软实力"的伟大战略，将博大精深的中华传统文化普及到少年儿童群体中，我们倾力打造"成语说史"系列图书，最先推出的便是这套《成语说〈资治通鉴〉》。

　　《资治通鉴》是中国第一部编年体通史，共294卷，300多万字，与《史记》合称"史学双璧"，是了解中国古代历史的必读书，虽已经司马光之手，"删削冗长，举撮机要"，但仍"网罗宏富，体大思精"，令人望而生畏。而成语是中国独有的语言资源，是连通文史的钥匙，短小精悍的形式承载着丰厚的历史文化内涵，体现了中华民族积淀千年的智慧和核心价值观。为了让孩子们读懂并喜欢上《资治通鉴》，了解成语背后的历史语境，从而更好地掌握和运用成语，我们精心制作了这套《成语说〈资治通鉴〉》。

　　《成语说〈资治通鉴〉》共8册，是一套连续的历史故事集，通过成语这个载体把卷帙浩繁的大部头史书变成358个引人入胜的故事，鲜活地演绎了从周威烈王二十三年（公元前 403 年）到后周世宗显德六年（公元 959 年）共 1362 年的朝代更替、历史兴衰、人事沧桑。

考虑到少年儿童的认知水平和阅读特点，在尊重历史的大前提下，这套书对史料进行了科学的剪裁，用通俗易懂的语言，通过大量的人物对话，模拟事件发生的场景，把历史上的重要人物和重大事件生动地呈现出来。在这里，历史不是一个个事件和人名组成的，而是有着丰富的细节。

为了避免让整个历史读起来碎片化，这套书尤其注重历史事件的连续性和系统性，按照时间的顺序，讲究由小故事串起大事件，用大事件演绎大时代。故事与故事之间，相互承传、次序分明，有条不紊地把历史推向纵深，帮助少年儿童真实、立体地感知历史发展的脉络，进而树立"通史"意识：历史是连贯的，有继承，有发展。

一千多个成语既是帮助读者打开厚重"通史"之门的钥匙，也是记录历史故事的载体，甚至是历史故事本身。"成语 + 通史"的组合，无疑是一种全新的探索，为中华优秀传统文化的传承提供了一种新颖的形式。

此外，这套书还针对重要的历史地名做了相应的注释，帮助少年儿童从空间坐标上更好地理解时间坐标上的历史。

简言之，这套《成语说〈资治通鉴〉》采用"点—线"结合的呈现方式，以成语为媒介，循序渐进地展现了中国古代历史的整体面貌。"点"是具体、生动的历史事实，"线"是历史发展的基本线索，以"线"穿"点"，以"点"连"线"，让孩子们在掌握历史事实的基础上，通过史事之间的相互关系，建立时序意识和时空观念，获得对历史发展的整体性认识。

历史不仅是一门学科，一类知识，更是一种定义，了解历史对个人乃至国家都具有重要意义。历史学家钱穆先生曾经说过这样的话："任何一国之国民，尤其是自称知识在水平线以上之国民，对其本国已往历史，应该略有所知。否则最多只算一有知识的人，不能算一有知识的国民。"

有鉴于此，我们希望通过这套《成语说〈资治通鉴〉》，帮助我们的孩子更好地了解中国历史，学习中国传统文化，做一个真正的中国人。

目录

〖 无可奈何 〗

《资治通鉴·汉纪二十八》

太后曰："此诬罔天下，不可施行！"太保舜谓太后曰："事已如此，无可奈何；沮之，力不能止。又莽非敢有他，但欲称摄以重其权，填服天下耳！"太后心不以为可，然力不能制，乃听许。

译 文

太皇太后说："这是欺骗天下，不可以施行！"太保王舜告诉太皇太后："事情已经到了这一步，没办法，只能这样了。想要制止，力量也达不到。而且王莽没有别的想法，只是想要公开宣告代行皇帝的职权来加强他的权力，好去镇服全国罢了。"太皇太后心里知道不可以这样做，但自己的力量不能制止，只好答应。

假皇帝变成真皇帝

金碧辉煌的未央宫内，宫女们衣袖飘荡，轻歌曼舞，乐师们鸣钟击磬，乐声悠扬。大臣们推杯换盏，有说有笑。殿内的金漆雕龙宝座上，坐着一位身躯庞大、神色威严的男子，他的目光从这歌舞升平的景象移开，缓缓转向侧边，那儿坐着一位衣着华贵、老态龙钟的妇人，只见她涕泪俱下，悲声道："我大汉王朝，刘家天下，从此亡矣……"说罢，她双手扶着椅子，缓缓地站起身来，在侍女的搀扶下，踉跄退入后宫。

这位落寞的华衣贵妇，便是太皇太后王政君，而那位坐在宝座上的则是她的侄子、刚刚接受孺子刘婴禅让，登上帝位的新朝皇帝——王莽。一天之前，王莽刚命人逼太皇太后交出象征皇权的传国玉玺。今日，王莽特地命人在未央宫设宴庆贺。

王莽恭恭敬敬地目送太皇太后离开，然后对左右近臣说："我登上帝位，完全是因为天意如此，并不是我自己想这样啊！"他悲伤叹息了很久，左右臣子无不感动。

其实，出人头地一直是王莽这么多年潜藏在内心深处的强烈意愿，而当皇帝则是从他拥立汉平帝之后才萌生的野心，之所以不选择更年长的刘氏皇族子弟，是为了方便他自己擅权。

但是皇帝固然年幼，却还有庞大的外戚家族，一旦他们的势力发展起来，必然会与王莽争夺权力。所以，王莽首先考虑铲除平帝的外戚势力，他向太皇太后王政君进言说："之前哀帝即位，大肆分封自己的外戚傅、丁二家，几乎危害社稷。我们应该趁皇帝年幼，现在就要防备类似的事情出现。"太皇太后觉得有道理。于是，王莽把平帝的母亲卫姬封为中山王后，又将平帝的两个舅舅也都封了侯，但是禁止他们回京城。

王莽的长子王宇怕将来会遭到平帝的报复，极力反对此事，但王莽不听劝谏。王宇与老师吴章商议，觉得王莽比较迷信，就命王宇的妻舅吕宽将血酒洒到王莽家的大门上，想以此恐吓王莽改变主意，并借机将他的权力移交给卫姓家族。

得知真相的王莽勃然大怒，把王宇逮捕入狱，并将他毒杀，吕宽也被处以极刑。随后，王莽又假借吕宽案件，下令追究吕宽党羽，把自己平素所厌恶的人都抓起来杀了。此案牵连数百人，朝野震动。王莽为了不让人们产生负面议论，让人上书说："安汉公宁可失去亲生骨肉，也不愿意伤害君臣大义，公而忘私。真是壮举！"百官又一次被蒙蔽了。

这一年，郡国发生大旱灾、蝗灾，青州①尤其严重，百姓流离失所。王莽上书建言，请太皇太后带头过俭朴的生活。为了表达言行一致的决心，王莽又贡献出数百万的钱财和三十顷田地救济民众，又在长安城中兴建民宅二百所，用来安置贫民。百官敬仰王莽的言行，纷纷效仿。

此后，每当有自然灾害发生，王莽就只吃素食，这事被左右侍臣报告给太皇太后。太皇太后深为感动，特意下诏说："听说安汉公只吃素食，真是太为天下子民忧心。幸好今年秋天庄稼丰收，请安汉公及时吃肉，为国家爱护自己的身体！"

为了笼络天下读书人，王莽大力宣扬礼乐教化，并建了一万套

---

① 在今山东半岛。

住宅，将几千名有学之士迁至长安居住，此举获得天下儒生的拥戴。于是，公卿大臣九百人请求赐给王莽九锡[1]，太皇太后同意了。与此同时，王莽通过重金引诱，使匈奴等外族遣使来归顺朝贺，人为制造了一幅太平盛世的景象。到这时，人们已经将王莽与治国圣贤画上等号。

平帝渐渐长大，因为母亲卫姬的缘故，暗中对王莽怨恨不已。王莽得知后，便起了杀心，他借着腊日[2]向平帝进献椒酒的机会，在椒酒中下了毒。平帝中毒后，没有马上死。王莽便假惺惺地祈祷说："请求上天保佑皇帝，我愿意代皇上去死。"不久，平帝就驾崩了。

太皇太后与文武百官商议新皇帝人选。这时汉元帝的后代已经断绝了，而汉宣帝的曾孙中封为王的有五人，封为列侯的有四十八人，但都已经成年。王莽不愿意扶立成年君主，便说："兄弟之间不能互相作为后代。"他下令征召宣帝的玄孙，逐一选择。最终年仅两岁的刘婴被挑选出来，成为太子，称号是孺子。

就在这时，武功县长孟通来报，说他掘井时得到一块白石头，上部是圆形，下部是四方形，上面写着几个朱色大字："宣告安汉公王莽为皇帝"。

王莽大喜，示意各大臣把这事上报给太皇太后。太皇太后一听，就知道有诈，愤愤地说："这是欺骗天下，不可以这样做！"

安阳侯王舜劝太皇太后："事情已经到了这一步，无可奈何了。不过，王莽也没有别的意思，只是想要公开宣告代行皇帝的职权，好去镇服全国罢了。"

太皇太后心知，一旦迈出这一步，必将万劫不复。可是现如今，

---

① 九锡，即九种器物，原为帝王专用，后赐予有大功的诸侯或元老重臣，以示尊礼。
② 古代岁末祭拜众神的日子。

王莽把持朝政多年，她只是一个风烛残年的老人，已无力制止眼前的事情，只得勉强答应，下诏说："孝平皇帝短命驾崩，安汉公王莽辅佐朝政已经三代，跟周公时代虽不同但功业相同，由他代行皇帝的职权。"

王莽于是名正言顺地穿着天子的礼服，戴着天子的礼帽，像皇帝一样接受臣子们的朝见，处理政事。

不久，群臣再次上书，请求太皇太后下诏同意王莽在郊外祭祀天地，在明堂和宗庙祭祀祖宗，自称"假皇帝"，平民和臣下则称他为"摄皇帝"。太皇太后也只能批准。

刘氏皇族中不少人看出王莽图谋汉家天下的野心，决心反抗。安众侯刘崇率先发难，虽然很快失败，却引发全国各地其他皇族的多起造反，声势浩大。

王莽十分恐惧，成天不思茶饭。太皇太后听说后，对她的侍从说："人同此心，心同此理。我虽然是一个女人，也知道王莽内心为此事烦忧。"

王莽每天抱着幼小的刘婴在宗庙祷告，又集合群臣说："连古代的大圣人都怕这种事情，何况我王莽这样渺小的人呢！"

群臣都迎合他的心意，说："不遭受这次大难，就不能向世人显示您的圣德！"

王莽又向群臣表明心迹："我摄皇位只是临时的，等刘婴将来长大，我一定要将皇位归还给他。"他一面安抚民心，一面调动大军镇压各地叛军。

不久，各地的叛乱被平定，王莽于是又得意起来。将来把皇位归还刘婴？怎么可能！此时"假皇帝"的称号已经不能满足他的欲望，他的目标是未央宫里的那把金漆雕龙的宝座。

在王莽的授意下，各种符命祥瑞纷至沓来，这些符命形式各异，有石牛、仙石、铜符、帛图等，但都说明一件事：假皇帝应该成为真皇帝，否则就是违背上天的旨意，会受到上天的惩罚。

大臣们分别奏报太皇太后，王莽也将各种祥瑞符命呈给她看，说明从"假皇帝"到"真皇帝"势在必行。太皇太后难以置信，却不得不信。

公元8年，王莽不顾太皇太后的极力反对，登上了皇帝位，改国号为新。当时年幼的刘婴并没有即位，所以皇帝玉玺仍放在太皇太后所住的长乐宫。王莽即位后，请求太皇太后交出皇帝玉玺。太皇太后不肯，王莽就派太皇太后比较喜欢的安阳侯王舜去索要。

太皇太后得知王舜的来意，怒骂道："你们父子宗族，靠着汉朝的恩宠，几代富贵，不但不思回报，反而利用皇子幼小的机会，夺取政权，这样忘恩负义之辈，天下岂会容你们？我是汉朝的老寡妇，早晚一死，我将与这块玉玺同归于尽！"说完，泪流满面。

王舜也跟着哭，过了许久才说："我无话可说，只是王莽一定要得到玉玺，难道您能不给吗？"

太皇太后见他言辞恳切，又怕王莽以暴力相迫，就将传国玉玺扔在地上，恨恨地说："我死之后，你们兄弟一定会被灭族的！"

王莽得到玉玺万分喜悦，于是有了本文开头的设宴庆贺一幕。从安汉公、假皇帝到真皇帝，王莽仅仅用了八年时间，他开了中国历史上通过符命禅让当皇帝的先河。

成语学习①

无 可 奈 何

　　奈何，如何，怎么办。感到没有办法，只有这样了。

造　句：他实在太淘气了，老师都对他 　　　　无可奈何。	
近义词：无能为力	
反义词：想方设法	

---

① 这个故事的原文里还有成语"大功告成"（指巨大工程或重要任务宣告完成）、"狗猪不食其余"〔猪狗都不吃他剩下的东西。形容人的品行极其卑鄙龌龊（wò chuò）〕。

【 不可胜纪 】

《资治通鉴·汉纪二十九》

改郡太守曰大尹，都尉曰大尉，县令、长曰宰；长乐宫曰常乐室，长安曰常安；其余百官、宫室、郡县尽易其名，不可胜纪。

译 文

将郡太守改名叫大尹，都尉改名叫大尉，县令、县长改名叫宰；长乐宫改名叫常乐室，长安改名叫常安；其余官职、宫室、郡县都改了名，数量多得无法一一记录。

"穿越者"王莽

　　始建国元年（公元 9 年）正月，刚刚篡夺汉室江山、当了皇帝的王莽琢磨开了："新年新气象。既然汉朝已经改名叫新朝了，汉朝的那些旧规矩就不能再用了。汉朝才两百多年，比起历经八百多年的周朝来说，格局太小啦。我的新朝得学学周朝。"

　　于是，王莽开始在全国推行复古改革。他按照儒家经典《周礼》所写的那样，规定百官的职责，更改官名：将大司农改名叫羲和，后来又改叫纳言；太常改名叫秩宗；大鸿胪（lú）改名叫典乐；少府改名叫共工；郡太守改名叫大尹；都尉改名叫大尉；县令、县长改名叫宰；长乐宫改名叫常乐室，长安改名叫常安。其余官职、宫室、郡县都改了名，不可胜纪。

　　接着，王莽又在土地制度上玩出新花样。他认为，西汉以来，不少贵族豪强趁机侵占了大量土地，那些失去土地的农民，不得不出卖自己的劳力，帮有钱有地的人家耕种，可他们辛辛苦苦，每天只能吃糠咽菜。有一些更惨的，直接卖身给地主当奴隶。一旦当了奴隶，就成了有钱人家的私有财产，常常与牛、马等牲畜关在一起，拉到市场上去卖，碰上狠毒的买家，连性命都保不住。

　　王莽为了解决这些问题，让天下人都有地种、有饭吃，就命令全国各地学习周朝时的"井田制"，把全国的田改名叫"王田"，收归朝廷所有，不准大家私下里买卖土地。官府按家庭人口一一核查土地，原来没有田的，现在应当分得田。如果家庭中男性不满八人，却占有田亩超过一井①的，就要把多余的田亩分给亲属、邻居和同乡亲友。至于奴婢，改名叫"私属"，从此禁止买卖。如果谁胆敢不执行这项命令，就要用远古时期虞舜惩罚恶人的办法，把这些无视法律或惑乱百姓的人流放到边远苦寒的地方，让他们抵挡传说中的妖怪鬼神。

这个制度一出，就把那些贵族、大地主给得罪了，他们积累了几代的田产，就这么给王莽强行归了公，个个怨气冲天。老百姓也不买账，他们本就穷得叮当响，哪有钱买牲口、农具来种这些"王田"啊，到头来，还不如从前给地主家打工划算，那样至少还能挣口饭吃呢。

王莽可不管这些，他又采纳国师公刘秀②的建议，学习周朝的做法，在长安以及洛阳、邯郸、成都等五个大城市设立市场管理官，规定由官府对货物的质量进行评定，给出上、中、下三等价钱，保持市价的稳定。老百姓暂时卖不出去的五谷、麻布、丝绸、棉絮等物品，官府按成本价收购。如果物价上涨，官府就要将库中的货物以平价卖给百姓；反之则任由百姓自由交易。另外，设立钱府，办理赊（shē）贷。赊，就是借钱给城里的百姓，如果百姓没有钱办理祭祀、丧葬等事，可以向钱府借钱，祭祀不超过十天、丧葬不超过三个月就归还借款的，不收取利息。货，就是借钱给老百姓做生意，每月一百钱收三钱利息。

另外，新朝还依照古书《周礼》规定：凡是有田不耕种的，称为不殖，要罚缴三个人的赋税；城市人家屋前院后不种树或瓜果蔬菜的，称为不毛，罚缴三个人的布匹；平民不干活的，罚缴一匹布，如果缴不出布匹，就要为官府做工。至于那些在山林水泽开采金、银、铅等矿产的工人，打猎的猎人，捕鱼的渔夫，以及从事畜牧业

---

① 古代井田制的一种单位。以九百亩为一井。
② 原名刘歆，西汉经学家刘向的儿子，我国第一部目录学著作《七略》的作者。王莽代汉后，被拜为国师。

的牧民，种桑养蚕、织布纺线、缝纫的妇女，工匠、医生、巫师、算卦的相士等有技能的人，还有小商小贩，全都要到相关部门申报经营所得，缴纳纯利的十分之一作为贡税。胆敢不报、瞒报、虚报的，不但赚取的钱财会被官府没收，还要被罚服役一年。

王莽又想控制钱币的发行与流通，于是下令铸造宝币六种：金币、银币、龟币、贝币、钱币、布币。每一种规定面值，分若干等级，总共有二十八个等级。同时，废除汉朝的五铢钱，并禁止私自铸钱。由于货币的种类太多，百姓用起来很麻烦，时间长了，都不愿意用，新的货币就不能流通。王莽没办法，又下令只使用值一钱的小钱和值五十钱的大钱，两种并行，停用龟币、贝币、布币。老百姓仍不买账，私下还是用五铢钱，并且相互谣传："千万不要再用大钱，朝廷很快会废除它的。"于是，用大钱的人更少了。王莽非常恼怒，下诏说："把这些散布谣言的人抓起来，流放到边远地区。"一时之间，从封国国君、朝廷官员到平民百姓，犯法的人不计其数。于是，地没人种了，街市上没有人吆喝了，全国经济陷入崩溃，老百姓相互搀扶着在道路上哭泣。

王莽颁布的各种制度，出发点是好的，想法也很超前，以至后世有人称他为"穿越者"。问题在于他总想模仿周朝，也不管是不是切合实际，有没有给百姓带来真正的好处。而且这些制度变来变去，一直无法确定。一些贪官污吏借机谋取私利，侵害百姓。当时，天下一片悲愁，被处以刑罚的人很多。

王莽听说百姓怨声载道，只好下诏说："凡是手中有土地的，都可以自由变卖，不受法律限制。犯法私自买卖平民的，暂且都不处罚。"这么一来，王莽威信扫地，人心更加不安。富人成天担心自己的财产能不能保住，穷人则忧虑能不能保住性命。

就这样，几年下来，王莽这个皇帝当得一点儿也不轻松，经常半夜三更还在办公，有时候到天亮还没处理完政务，累得腰酸背痛，却只得到骂声一片。

王莽见自己辛辛苦苦搞复古改革，大家都不买账，觉得很没意思，就打算在对外关系上赢回一点儿颜面。

王莽刚登基时，就对西域、匈奴，以及东北的高句丽（gōu lí）等国大王不满了，觉得他们称王既不符合古代制度，也有违天下大统一的原则，因此下诏将他们由"王"降为"侯"，相应地，给他们的印信也由"玺"改为"章"，还派五威将领到各国收回并损毁原来的印信。各国大王无缘无故就被王莽降格了，哪能答应呢？因此，他们纷纷拒绝臣服新朝，尤其是匈奴，自那以后就不断侵扰边境。

王莽忍无可忍，下令将匈奴单于改名为"降奴服于"，又将匈奴国土、百姓分成十五份，一下子封了十五个匈奴单于，还派出三十万大军，分头前往边境驻扎，打算等部队全部集合，再狠狠地教训一下匈奴。

匈奴单于栾提知听说后，勃然大怒，说："我们匈奴以前受过汉宣帝的恩惠，不能辜负。现在王莽又不是宣帝的后代，凭什么当皇帝？"于是，派出匈奴各部首领率军进攻边塞，大肆屠杀汉朝官吏和平民。当时王莽的大军没有完成集结，不敢出击。

自宣帝以来，北疆人口繁衍，牛马遍野，老百姓已经很多年没有见过烽火的警报。这次王莽与匈奴结怨后，沿边百姓饱受战乱之苦，或死亡，或被俘，不计其数，几年之间，北疆一片荒凉。而驻扎在边塞的新军将领又放纵士兵扰民，百姓被逼得没办法，纷纷向其他州郡逃亡。

可是，其他州郡早就被王莽的新政搅得穷困不堪，现在又因为战事吃紧，官府不停地征兵催税，更加叫苦连连。于是，各州郡的人纷纷抛弃家园，开始流浪逃亡，有的进入山林，成为盗贼。

成语学习①

不 可 胜 纪

胜，尽。不能逐一记述。形容非常多。也作"不可胜记"。

造　句：	经过一番激烈的交战，汉军将士杀得匈奴兵大败而逃，缴获各种车马器械，不可胜纪。
近义词：	不可胜数、恒河沙数
反义词：	屈指可数、寥寥无几

---

① 这个故事的原文里还有成语"箕山之节"（箕山，传说唐尧时的隐士许由、巢父隐居的地方。指归隐以保全节操）、"未可厚非"（厚非，过分责难。表示虽有缺点，但可以理解或原谅）。

〖 绿林好汉 〗

《资治通鉴·汉纪三十》

　　荆州饥馑，民众入野泽，掘凫茈（fú zǐ）而食之，更相侵夺。新市人王匡、王凤为平理诤讼，遂推为渠帅，众数百人。于是诸亡命者南阳马武，颍川王常、成丹等，皆往从之；共攻离乡聚，臧于绿（lù）林山中，数月间至七八千人。

译　文

　　荆州发生大饥荒，百姓纷纷逃入山野沼泽，挖掘荸（bí）荠充饥，因为荸荠渐渐减少，他们就互相攻击争夺。新市人王匡、王凤出面为大家评理，排解纠纷，于是被推作首领，拥有数百人。这时，南阳马武、颍川王常、成丹等亡命之徒听说后，都前来投奔。他们一同攻击距城市较远的村落，藏在绿林山中，数月之间，集结到七八千人。

绿林、赤眉造反

"这些是我发现的！是我的！"一个衣着破烂、面黄肌瘦的人伸手从另一个人手里面抢夺几颗野荸荠。

"是我先挖到的！还给我！"被抢的人情急之下，抓住对方的手，狠狠地咬了下去。

"啊……"只听一声惨叫，抢夺者收回自己的手，见手背上一个老大的血印，他顾不上疼痛，扑上去和那人厮打在一起。

旁边的几十个正在地里寻找野荸荠的农民迅速围上来，七嘴八舌地劝道："饿成这样，你们还有力气打架啊！""不要打啦，大家都饿！"

哪知他们根本不理会大家的劝说，仍然互揪头发扭打成一团。有两位老人上前拉架，反倒挨了几拳。

这一年是天凤四年（公元 17 年），王莽改朝换代的第十个年头。王莽的复古改革大大加重了老百姓的负担，加上连年的天灾、蝗灾，导致土地荒芜，物价飞涨，米价由汉文帝时每石①只要几十钱涨到每石要一斤黄金。日子实在过不下去了，老百姓就纷纷背井离乡，寻找活路。实在找不到吃的，就开始吃起人来。

南方荆州②地区的老百姓由于无米下炊，只得到沼泽边挖野菜吃。由于饥民太多，野菜很快就被挖光了。这天，有人说在城外的

---

① 容量单位，10 斗等于 1 石。
② 汉武帝为加强中央集权，除京师附近地区外，将全国一百零几个郡国划分为十三刺史部，荆州是其中之一，辖境包括今湖北、湖南二省及河南、贵州、广西、广东等省的部分地区。

山下挖到了一些野荸荠，消息一传开，饥饿的百姓就成群结队地赶到那边去了。开始大家还各挖各的，后来野荸荠越来越少，有人就互相抢夺，打起架来。

"你们快住手！"正在那两人闹得不可开交之时，两个神态威严的人拨开人群，走上前来。他们一露面，那两个打架的人马上住了手，口口声声请他们评个理。

这俩人，一个叫王匡，一个叫王凤，为人仗义，经常照顾大家，所以大伙儿都愿意听他们的。

"为了挖这么一点儿野荸荠，自家兄弟打打闹闹，大家说值当不值当？"王匡站在这群人中间，提高嗓门说，"靠这点儿野荸荠，今天填饱了肚子，可明天怎么办呢？你们想过吗？我们有打架的工夫，不如想想怎么找条活路！"

"王大哥说得对！"大伙儿嚷道，"王大哥，你说吧，只要能活下去，我们都听你的！"站在一边维持秩序的王凤挥了挥手，让大家安静下来。

王匡接着说："我们今天挨饥受饿，是谁害的？我们种的粮食，是谁搜刮去了？是那些狗官！他们整天无所事事，却好吃好喝。我们辛苦一年，只能忍饥挨饿挖野荸荠，天下有这样的道理吗？依我说，只要大伙儿团结起来，官府也拿我们没办法！如果我们去县城打开粮仓，就有饭吃。大伙儿说对不对？"

"对！打开粮仓，就有饭吃！"说干就干！饥民们一致推举王匡、王凤为首领，当天夜里就在他俩的带领下，冲进县衙，抢到粮食后，又迅速撤到当阳县^①的绿林山上。一些逃亡的犯人听说他们有粮食，也从四面八方赶来投奔。王匡、王凤就以绿林山为根据地，

---

① 治所在今湖北荆门市西南。

率领饥民攻打附近乡村的恶霸，夺得粮食财物后，分发给穷人。才几个月工夫，这支起义军就发展到七八千人。因为他们驻扎在绿林山劫富济贫，后世的人就称他们为"绿林好汉"。

绿林起义声势浩大，惊动了朝廷，王莽大惊，派了两万官兵前去围剿绿林军，结果被绿林军打得落荒而逃。绿林军乘势又攻下了几座县城，他们打开监狱，放出囚犯，打开粮仓，救济穷人。

"投奔绿林军有饭吃，有活路。"人们奔走相告，投奔绿林山的穷人越来越多，王匡、王凤的起义军在短短一年里就增加到五万多人。

可是，到了第二年，绿林山上不幸发生了瘟疫，有一半人死了。剩下的一半人马为了活下去，只好撤出绿林山。这些人后来分成了两支，一支由王常、成丹率领进入南郡①，称"下江兵"；一支由王匡、王凤、马武等人率领北向南阳，称"新市兵"。新市兵后来进攻平林县时，与平林人陈牧领导的起义军会合，又组成"平林兵"。

当南方的绿林起义在荆州如火如荼地展开时，东方的山东也出现一支强大的起义军。

山东琅邪海曲城有一个姓吕的大娘，家里经营着小买卖。她的儿子吕青是县里的公差，为人忠厚耿直。一次，县官命吕青毒打那些没钱交税的穷人，吕青不愿意这么做，县官非常恼怒，就骂他："你勾结刁民，反抗官府，该杀。"便将吕青办成死罪杀了。

悲痛万分的吕大娘决定报仇，她暗中联络了一些骁勇之士，向他们表明自己的决心。本就对王莽新政感到愤怒的勇士们，听说吕青被害，更是义愤填膺，他们异口同声说道："当官的不给我们活路，我们就跟他们拼个你死我活，为吕大哥报仇雪恨。"

---

① 治所在今湖北荆州市。

吕大娘虽然没念过书，但是做事极有魄力。她与勇士们进行了一番周密策划，很快拉起一支数百人的队伍。他们平时藏身在黄海中的一个小岛上，逮着机会就出来打击官兵。很多流民听说吕大娘与朝廷对抗，纷纷前来加入他们的队伍。

不久，吕大娘觉得机会成熟了，便召集众人，登上高台，自称将军，然后调兵遣将，亲自带着三千勇士杀入海曲城。经过激烈的战斗，起义军一举攻破海曲城，活捉了县官。吕大娘打算将县官就地处死，县里的一些官吏纷纷叩头求情。

吕大娘斥责道："我的儿子吕青，秉公办事，体恤百姓，本不该处死，却被这狗官所杀。杀人就要偿命，你们不要替他求情了！"说完，命人将县官当众斩首。

消息传到琅邪，太守又惊又怒，立刻发兵前往海曲城镇压。官府重兵压境，吕大娘却镇定自若，组织大家有序地撤回海岛。

吕大娘带兵起义的号角吹响后，迅速得到山东各地人民的响应。同年，琅邪人樊崇在莒县境内率众起义。樊崇的起义军纪律严明，规定谁杀死老百姓就要被处死，谁打伤老百姓就要受责罚。所以，他们到哪儿都受到百姓的拥护。吕大娘在为儿子复仇的当年就去世了，她的大部分人马就转投治军有方的樊崇。不到一年工夫，樊崇的军队就发展到一万多人。

王莽听说荆州的起义军还没消灭，琅邪的起义军又起来了，连夜召见太师王匡①，说："不给这些人一点儿厉害瞧瞧，他们便无法无天了。"

王匡献计道："我们可以集中优势兵力，先打击琅邪的乱民，等打了胜仗，再来收拾荆州那帮贼寇。"

---

① 此王匡并非绿林军首领王匡。

王莽点点头，说："就这么办！这次要不惜一切代价，将樊贼消灭！多带些兵马前去！五万不够，就派十万！"

于是，王莽派太师王匡亲自出马，将军廉丹为副手，率领十万大军，浩浩荡荡杀向琅邪。

樊崇得到消息后，召集部众，精心部署。他怕打起仗来，人马混杂，自己人不认识自己人，就命令所有的士兵都在眉毛上涂上红颜色，作为识别的记号。由此，樊崇的起义军得了一个别名："赤眉军"。

赤眉军与官兵展开了一场恶战。太师王匡的大腿被樊崇扎了一枪后，逃了回去，将军廉丹则在混战中被砍死。十万官兵见太师逃了，大将死了，群龙无首，这仗没法打，于是乱哄哄地散了一大半，还有一部分投降了赤眉军，赤眉军的人数因此激增到十多万。

绿林军与赤眉军打败王莽大军的消息传开，各地的农民也都行动起来，组成大大小小的几十支起义军，走上反抗王莽政权的道路。王莽的新朝在农民起义的狂风暴雨中摇摇欲坠。

绿 林 好 汉

绿林，古代山名。指聚集山林反抗封建统治阶级的人们。也指聚众行劫的盗匪。

造　句：最有名的绿林好汉，恐怕要数	
《水浒传》里那一百零八位了。	
近义词：草莽英雄、草头天子	

【 安知非仆 】

《资治通鉴·汉纪三十》

秀姊元为新野①邓晨妻，秀尝与晨俱过穰人蔡少公，少公颇学图谶，言"刘秀当为天子"；或曰："是国师公刘秀乎？"秀戏曰："何用知非仆邪！"坐者皆大笑。晨心独喜。

译文

刘秀的姐姐刘元，是新野人邓晨的妻子，刘秀曾经跟邓晨一块儿去拜访穰县的蔡少公，少公精通图谶，说："刘秀要当天子！"有人就说："您这说的是国师公刘秀吧？"刘秀开玩笑说："你怎么知道不是我呢？"在座的人都哄堂大笑。只有邓晨暗喜。

---

① 治所在今河南新野。

刘秀骑牛上战场

南阳郡^①济阳县春陵乡的刘缜（yǎn）、刘秀兄弟俩，是汉高祖刘邦的九世孙。以前各诸侯王的封地只由长子继承，汉武帝为了削弱诸侯王的势力，颁布了"推恩令"，要求诸侯王将封地分给所有的儿子，这样一代传一代，诸侯王的子孙们的土地就越分越小，到刘缜、刘秀兄弟这一代时，又因为王莽推行"王田"改制，他们家的土地被削，兄弟俩就成了平民。

哥哥刘缜勇猛有力，性格豪爽，自从王莽篡位，他一直愤愤不平，暗中希望复兴汉室，于是变卖田地与房子，用来结交天下英杰。弟弟刘秀是一个大帅哥，长得鼻梁高耸，额角隆起。他早年在长安上过几年太学^②，结识了不少朋友，后来同乡种田，每天勤勤恳恳，收获了就将粮食拉到城里去卖，年年如此。为此，刘缜经常取笑他，说："你成天就知道种地，种地能有多大出息！"刘秀每次听了都呵呵一笑，扛起农具又到田间干活。

刘秀的二姐刘元，嫁给新野人邓晨。有一次，刘秀和邓晨一块儿去拜访穰县的蔡少公。蔡少公精通图谶，经常推测天下大事。那天，蔡家聚集了好些人，蔡少公盯着图谶看了很久，忽然说："刘秀要当天子！"

旁边有人接话道："您说的是朝廷那个才学渊博的国师公刘

---

① 治所在今河南南阳市。
② 中国古代的最高学府。

秀吧？"

刘秀开玩笑地说："你怎么知道不是我呢？"

在座的人都哄堂大笑，心想："你一个成天只知道种地卖粮的农民，也开起这种玩笑来了。"只有邓晨觉得刘秀心怀大志，暗自高兴。

宛城①有一个叫李守的人，也经常研究星象与谶书，曾经对他的儿子李通说："刘姓人会复兴天下，李姓人将做辅佐大臣。"等到新市兵、平林兵声势浩大，南阳郡便人心浮动。李通的堂弟李轶也动起了心思，跑去对李通说："现在天下大乱，汉朝会重新兴盛。南阳刘姓皇族中，我看只有刘縯兄弟博爱仁厚，为什么不找他们一起商量这件事呢？"李通抚须大笑道："我也是这么想的。"

那天，李轶听说刘秀要来宛城卖粮食，就叫上李通，一块去找他。大家越说越投机，尤其谈起谶文的事，都很激动，当天就定下立秋那天在南阳起兵。李轶与刘秀考虑到手中没有兵马，就一起回到舂陵，打算在当地拉起一支队伍，到时候与李通互相呼应。

刘縯听刘秀说要起兵，兴奋得一夜都没合眼。第二天一早，他召集平时结交的豪杰，对他们说："这些年来，朝廷的暴政可把老百姓害苦了，大家早就恨透了王莽。现在又碰上连年灾旱，到处兵荒马乱，这是上天要灭亡王莽啊，我看，是时候恢复高祖的大业、建立千秋万世的功劳了！"众豪杰听了都很兴奋，分头回家发动亲朋好友，准备在各县响应起事。

刘縯在舂陵号召乡亲们加入他的队伍。起初，有些人家听说要和官府对着干，怕惹上麻烦，都埋怨道："我们就这么冒冒失失地跟着刘縯造反，搞不好是要掉脑袋的，不如我们找地方避一避。"正当

---

① 宛城是南阳郡的治所，在今天的河南南阳市。

他们准备躲藏时，看见一向安于种地的刘秀穿着一身军装，拿着一把剑，拉着一头黄牛，精神抖擞地走出来，都大吃一惊，说："刘秀啊，你这是要骑牛去打仗吗？"刘秀笑着点点头："没钱买马，只好用牛代替了。"大家受到触动，都感叹道："哎，没想到刘秀这么老实的人也干上了！我们也干吧！"于是各自回去集结自家子弟，共计七八千人，号称"春陵兵"。

队伍拉起来后，刘縯兄弟俩就耐心等待立秋。他们左等右等，却等来一个坏消息：李通的计划泄漏，他自己逃走了，家属六十多人都被诛杀。

刘縯和刘秀一下就傻眼了：没有李通的支持，春陵兵的力量太

薄弱。怎么办呢？兄弟俩商量了很久，最终派人与已经到达南阳的新市兵、平林兵的首领王凤、陈牧取得联系，和他们约定联合作战。

　　果然人多力量大。舂陵兵与新市兵、平林兵一联合，士气高昂，接连打了好几场胜仗，夺得一些马匹、物资。刘秀的坐骑这才由牛换成马。

　　刘縯又乘胜进攻宛城，谁知天公不作美，途中遇到弥天大雾，舂陵兵被官兵打得大败，四下逃窜。新市兵、平林兵见刘縯遭受重

挫，又听说大量官兵正在集结，都想逃走。

好在天无绝人之路。下江兵的将领成丹、张印、王常带着五千余人赶来，刘𬙋和刘秀亲自前去拜访，说服他们联合作战。于是，几支部队同心协力，向官军发起进攻，打败了朝廷派来支援宛城的严尤与陈牧，斩杀了二万多官兵，包围了宛城。

然而，随着联军的声势越来越浩大，一个问题出现了：三支队伍并没有统一的首领，谁也不能指挥谁，要想顺利地战斗下去，必须马上推举一个人当皇帝，由他统一发号施令。

有人就说："王莽暴虐，人心思汉，起兵必须师出有名，只有'恢复汉室'这个响亮的口号，才能让天下百姓心甘情愿地追随。这个皇帝，自然要从刘姓子弟中选。"

众人纷纷点头称是，可队伍里刘姓子弟很多，该选谁呢？

刘𬙋有舂陵兵的拥护，自称柱天大将军，他能力强，有威望，带领大家接连打了好几场胜仗，是合适人选，舂陵兵也想推他做皇帝。可是新市兵和平林兵的将领平时就害怕刘𬙋治军严厉，担心他势力越来越大，对自己不利，所以张印等人打算推举刘玄当这个皇帝。刘玄原是汉朝的贵族子弟，后来投身平林兵，号称"更始将军"，他才智平庸、性格懦弱，比较听话。

刘𬙋当然不愿意刘玄当皇帝，但考虑到自己实力不如对方，便退一步说："大家要立汉室后裔为皇帝，我作为刘氏子孙真是感激万分。只不过现在青州和徐州有十多万赤眉军，要是他们知道我们在南阳立了皇帝，肯定也会立一个。到时候，天下好几个皇帝并存，不仅局面不好看，老百姓也会有意见。不如我们先立个王来发号施令，等将来消灭了王莽，再做打算。"结果遭到张印等人强烈反对。刘𬙋怕争下去自己吃亏，只好同意由刘玄当皇帝。

于是众人设置坛场，刘玄面向南方站立，接受群臣朝拜。他羞愧不已，汗流满面，说不出话来，只是抬抬手，以回应群臣。

刘玄将国号仍定为"汉"，年号则改为"更始"，拜王匡、王凤为上公，刘缜为大司徒，刘秀为太常偏将军，其他将领也各有封号。各地英雄豪杰听说后，争相呼应，他们杀掉各州的长官，自称将军，用更始年号，等待更始皇帝的诏命。

更始帝刘玄见形势一片大好，便在众将的建议下，向王莽的新朝发起全面攻势。三月，他派出多支人马，向多地展开进攻，其中王凤、刘秀等率领的更始军兵锋最为锐利，接连打败了严尤、陈牧率领的新朝官兵，攻克昆阳、定陵、郾县等地。

在此之前，各地大大小小的起义虽然不断，但每支队伍都没有文书、号令、旗帜、军队组织，所以王莽觉得他们只是一帮乌合之众，并没有放在心上。等到刘秀等人起事，大家都自称将军，攻城略地、传递文书、声讨王莽的罪恶时，王莽开始害怕起来。现在他听说这群盗贼竟然建立了更始政权，又连夺了几座城池，急得一夜之间白了头发。

"大敌当前，你这个皇帝千万不能乱了阵脚！"王莽对自己说。为了显示自己情绪很稳定，有能力也有精力稳定乱局，他精心染黑了胡子和头发，又娶了一个大臣的女儿当皇后，还选了一百多名美女进宫当妃嫔。于是，天下乱成一锅粥，皇宫里却张灯结彩，喜气洋洋。

成语学习 ①

安 知 非 仆

仆，古时男子对自己的谦称。怎么就知道这个当天子的人不会是我呢？比喻自己说自己前途不可限量。

造　句：当年刘秀一句"安知非仆"的

戏言，透露出他的勃勃雄心。

---

① 这个故事的原文里还有成语"疑事无功"（行动有疑虑就不会成功）。

〖 前歌后舞 〗

《资治通鉴·汉纪三十一》

邑曰："吾昔围翟义，坐不生得以见责让，今将百万之众，遇城而不能下，非所以示威也。当先屠此城，蹀（dié）血而进，前歌后舞，顾不快邪！"

译 文

王邑说："我以前围攻叛将翟义，因没有活捉住他而受到皇上责备，如今带领百万之众，来到城下却不能攻下，这就不能显示军威了。我们应当先攻陷此城，在城中血洗一番，然后踏着血泊前进，为正义而战，难道不痛快吗？"

巨人猛兽总动员

　　王莽不傻，他知道靠染发与大婚无法稳定局面，对付更始军，最管用的办法就是把他们打服。于是，王莽掏出全部家底，准备与更始军一决生死。首先，他钦点名将王邑当元帅。要知道，当年东郡太守翟义因为不满王莽专权，起兵造反①，王邑只花了几个月时间就平定，足见其军事能力。

　　接着，王莽下令，各州郡选派精锐将士，由州郡的长官亲自带领，组成一支四十三万人马的大军，对外宣称百万，并征召懂得六十三家兵法的人，让他们携带各家的兵法秘籍，前往军中当军事顾问。另外，为了虚张声势，王莽还重金物色了一个名叫巨毋霸的猛将。巨毋霸身高一丈②，腰有十围③粗，他还有一项特殊的本领，能够驯养老虎、豹、犀牛、大象等猛兽。

　　一切准备就绪后，更始元年（公元 23 年）五月，新军统帅王邑、司徒王寻率领先锋部队出发。一路上，巨毋霸驱赶着各种猛兽在前面助威开路，十万新军在后，气势汹汹地扑向被更始军攻克的昆阳。

　　一到昆阳，王邑就准备围城。这时，严尤劝道："昆阳城小坚固，不值得我们用几十万兵马去攻，而且它的位置无碍大局，现在

---

① 王莽摄政时，东郡太守翟义曾起兵讨伐王莽，拥立西汉宗室刘信为皇帝，后被王莽击败。翟义被抓，处以酷刑。刘信却逃走，不知去向。
② 一丈约等于 3.3 米。
③ 一围约等于两手的环抱长度。

打下来意义不大。宛城则不一样，它是战略要地，反贼首领刘缤正在日夜围攻宛城，守将岑（cén）彭正盼着援军前去解围。我们不如先去救援宛城，到那时，小小的昆阳城将不攻自破。"

王邑瞧不起刚吃了败仗的严尤，傲慢地说："我早年讨伐翟义的叛军时，因为没有活捉刘信，受到皇上责备。现在我率领几十万大军，来到敌人的城下，竟然绕道不攻，我威风何在？我们应当先攻陷昆阳，血洗城池，让全军将士踏着敌人的鲜血，前歌后舞，这样才痛快！传我的命令，先将昆阳围住，等主力军一到，立马攻城！"严尤见王邑听不进劝，只好退下。

昆阳城内只有一万多人，见大军压城，更始军将领王凤、王常忧心如焚，便召集众将商议对策。

"对方的人马是我们的十倍，听说后面还有几十万主力军，真的打起来我们就是用鸡蛋去碰石头，不如在他们围城之前，各自领兵冲出去，保存实力要紧啊。"一些更始军将领见巨毋霸与各种猛兽威风凛凛，新朝大军密密麻麻排列在城外，吓得惊慌失措，担心老婆孩子，想赶紧跑路。

一直沉默不语的刘秀站出来说："城中缺兵少粮，城外强兵逼近，我大哥刘缤正在攻打宛城，没办法分身救我们。这种情况下，我们如果团结一致，坚守城内，可能还有一线生机，如果各自分散出去，我敢说没一个人能活命。昆阳一旦失守，不出一天，各路义军一定会被朝廷军队各个击破。生死关头，你们怎么只顾自己的老婆孩子呢？这种时刻，我们只有死守城内。"

将领们一向不把沉默寡言的刘秀放在眼里，听了他的话，个个恼羞成怒。有人就跳起来喊道："就凭你也敢教训起我们来！"还有人冷冷地说："一万人对抗十万人，还想活命？现在不逃，难道等打起来被剁成肉酱吗？"刘秀也不辩解，笑着站了起来。

恰在这时，有探子来报："不好了，王寻大军即将到达城北，军队前后连绵一百多里。"将领们大惊失色，心想这下好了，想逃也逃不出了。

王凤见情况紧急，众人只顾吵吵闹闹，只有刘秀一副成竹在胸的样子，便请他说出破敌之策。刘秀便说他想带一队人马冲出去搬救兵，大家也没有别的办法，就同意了。

当天夜里，趁王邑军队围城前的混乱，刘秀率领十三名骑兵从昆阳城南门悄悄飞驰而去。

第二天一早，城外锣鼓震天，军旗遍野，王邑、王寻开始围攻昆阳城。新朝大军一边挖地道，一边使用冲车和棚车攻城，还不停地向城内放箭。一时间，箭矢像流星一般倾泻而下。按照刘秀的计划，城中的军民不与新军正面交锋，所有人不得外出行动，连出门打水也要头顶门板，以防被箭射中。

可随着城外的攻势越来越猛，王凤觉得没有生还的希望，于是派人向王邑求降，不料遭到拒绝。王邑还对新军将士叫嚣道："不踏平昆阳城，算不上建功立业！"

王凤无奈，只得命令更始军将士拼死守城。更始军没了退路，更加顽强地与新军搏杀。新军攻打了十几天，却毫无进展。

严尤见战事陷入胶着状态，又向王邑建议说："兵法上说，围城时要留开一个口子，让城内的人逃出去一些。我们也应该放一些贼人出昆阳城，他们会把战败的消息带到围攻宛城的贼军中，从而影响他们的士气。"

王邑轻蔑地说："你想多了吧。你看这城下黑压压的都是我们的人，后面的辎重粮草数不胜数，拿下昆阳城只是时间问题。"

而此时，刘秀等十三人顺利来到定陵、郾（yǎn）县等地，调集了一万兵马，正星夜兼路赶回昆阳城。

五月底，宛城在更始军的长期围困下，内无粮草，外无援军，守将岑彭只好投降。昆阳城外的王邑并不知道这个消息，日夜赶路的刘秀也不知情，但他为了鼓舞自己的士气，动摇王邑的军心，沿途散播消息说："宛城已破，更始军主力马上到达昆阳。"

这个消息传到昆阳城，更始军将士精神为之一振，坚定了拼死守城的决心。而王邑那边的人都在想，几十万大军攻了一个多月，竟然奈何不了一个小小的昆阳城，如果宛城的十万更始军到来，更无法对付，于是开始恐慌起来。

不久，刘秀率援军到达昆阳城外四五里处，他们顾不上疲惫，立刻摆开歼敌阵势。为了鼓舞士气，刘秀亲率三千骑士组成的敢死队，冲在队伍的最前面，让将领李轶带领主力军跟进，冲击对方的中军。

王邑、王寻根本没把名不见经传的刘秀放在眼里，见他竟然带着区区三千人来挑战，气得哇哇大叫，当下率领一万多人前去迎战。

刘秀毫无惧色，一马当先冲了过去，只见他手起刀落，眨眼工夫，就斩杀了多人。敢死队的骑兵都非常振奋，高兴地说："真没想到刘将军平时不言不语，大敌当前却如此勇猛，以后我们就是死也要跟着他！"说完也大喊着冲向对方军阵，杀得新军狼狈不堪。

所谓擒贼先擒王，刘秀在砍杀了上百名新军士兵后，勒转马头冲向王寻，并以迅雷不及掩耳之势将他挑下马来，一刀结果其性命。新军各部队立即陷入混乱。

刘秀的敢死队越战越勇，砍杀了上千敌军，而李轶率领的七千主力也杀得新军抱头鼠窜，大大挫伤了新军的锐气。昆阳城内的更始军将士见状，个个精神振奋，高喊着"杀啊"，冲出城门。在更始军内外夹攻下，几十万新军迅速土崩瓦解，弃阵而逃。

就在这时，天空突然狂风大作，电闪雷鸣，一转眼，大雨倾盆而下，昆阳城外的滍（zhì）川水位旋即暴涨，争相逃命的新军士兵相互推挤，巨毋霸训练的虎、豹等猛兽因为受到惊吓而狂奔起来，被淹死、踩死的士兵不计其数，滍川被尸体堵塞得几乎断流。慌乱中，王邑仅带着少数精锐骑兵，踏着死尸渡河，才得以逃脱。

新军在昆阳惨败的消息很快传到京城，文武百官张皇失措，王莽震惊得半天说不出话来，伸出去抚摸黑胡子的手在空中停了老半天，才无力地垂下。

析县①人邓晔和于匡听说后，就在南乡起兵以响应更始军。他们首先进攻武关都尉朱萌，朱萌率军投降后，他们接着向西推进，沿路攻破不少城池，队伍不断壮大。附近各县的大姓人家纷纷起兵呼应，很快四方大军汇聚，一起攻入长安城。逃回长安的王邑等人，指挥剩余人马拼死抵抗。混乱中，有人放火烧城，掖庭、承明殿都烧着了，王莽只好躲到了未央宫宣室前殿避火，然而如同中了邪似的，他走到哪儿，火就烧到哪儿。

最后，王莽心一横，索性不跑了，换上全套天青色的衣服，手里紧紧地握着虞帝匕首，让天文郎按住占测时日的栻②，他自己则转动座席随着斗柄所指的方向坐着，口中喃喃道："上天赋予我如此崇高的品德，他们能把我怎么样？"群臣见他这时仍执着于复古仪式，也顾不上那么多了，拉着他就往渐台③跑。天快亮时，王莽和众人在万般煎熬中等来了王邑等人战死的消息，很快，大批士兵围上渐台，将王莽等人杀死。

这年十月，更始大军攻陷洛阳。仅仅维持了十五年的新朝政权就此灭亡。

---

① 治所即今河南西峡。
② 古代占卜用的一种器具。
③ 汉长安城的宫殿建筑。

成语学习

前 歌 后 舞

原指武王伐纣，军中士气旺盛，后用作对为正义而战的军队的颂辞。

造　句：周武王率领周朝大军，前歌后

舞，讨伐残暴的商纣王。

【 汉官威仪 】

《资治通鉴·汉纪三十一》

时三辅吏士东迎更始，见诸将过，皆冠帻（zé）而服妇人衣，莫不笑之；及见司隶僚属，皆欢喜不自胜，老吏或垂涕曰："不图今日复见汉官威仪！"由是识者皆属心焉。

译　文

当时三辅①地区的官员们派代表到洛阳迎接更始帝刘玄，看见更始将领们经过时，都用布包着头，穿着女人的花衣裳，没有不耻笑的。等到看见刘秀的下属官员时，都高兴得难以自制，有些年纪大的，曾经在西汉当官的人都流泪说："想不到今天重新看到了汉朝官员威武的仪表！"从此，有见识的人都归心刘秀。

---

① 指长安及其附近地区。

小迷弟邓禹追来了

打败王莽的巨人猛兽军团后，刘秀就率领更始军马不停蹄地南下，一路高歌猛进，又拿下了不少城池，不料，在进攻父城时，遭到父城县令苗萌的顽强抵抗，于是下令在附近的巾车乡驻扎下来。

一天，汉军将士巡逻时，抓住了一名从父城出来的官员。刘秀一问，得知他叫冯异，是颍川太守的属官，负责督察五个县，因为懂得带兵打仗，这次被上级派来协助苗萌抵抗更始大军。

汉军将士嚷嚷着要斩了冯异，刘秀没有表态。冯异恳求道："我是一个微不足道的人，死了也没什么可惜，可是我的老母亲还在父城县，如果将军您能放我回去，我愿意把我监管的五个县全部献上。"刘秀被他的孝心所感动，就把他放了。

冯异回去后，对苗萌说："刘玄手下的将领大多凶残蛮横，只有刘秀将军从不抢掠。这次我观察他的言谈举止，不像平庸之辈。不如我们投到他的麾下去吧。"苗萌和冯异关系很好，当即答应，和冯异率领五个县的军民投降了刘秀。

刘秀见冯异守约前来，非常感动，任命他为主簿 [①]，让他跟随在自己左右。

有了冯异这名得力助手，刘秀打起仗来如虎添翼，不断攻城略地。他的哥哥刘縯在攻破宛城后，也打了不少胜仗。更始帝刘玄接

---

① 掌管文书的官员。

连收到刘秀兄弟送来的捷报，不由得担忧起来，心想：当初立皇帝时刘缤就表现得很强势，现在他们兄弟俩功劳越来越大，威胁也就越来越大，到时候，自己这个皇帝还不知道能不能当下去。刘玄越想越害怕，就和王匡、王凤、朱鲔（wěi）等将领商量，密谋将刘缤兄弟除掉。

刘秀有所察觉，悄悄地提醒刘缤："看这情形，更始帝打算跟我们过不去啊。"刘缤却满不在乎地说："我们立下大功，谅他们不敢拿我们怎么样。"

事实证明，刘缤还是太大意了。没过多久，刘玄就找了个借口，说刘缤的部下刘稷抗旨谋反，都是刘缤放纵包庇导致的，设计将刘缤和刘稷骗到殿前，趁他们没有防备，直接将二人斩首。

刘秀得到消息，强忍住心中的悲痛，装出一副漠不关心的样子。他知道，军中刘玄的眼线众多，但凡自己流露出一点儿悲痛或者复仇的意思，肯定难逃刘玄的毒手，怎么办呢？他想了一夜，做出一个让人意想不到的决定。

第二天一大早，刘秀就快马加鞭从父城返回宛城。见到刘玄，他只字不提自己的功劳，而是跪在地上，诚恳地向刘玄谢罪："陛下，我大哥刘缤不服皇威，仗着有点儿功劳就大胆冒犯您，都怪我这个做弟弟的没有好好规劝他，恳请陛下降罪。"

刘玄杀了刘缤，本就有点儿心虚，现在见刘秀反而前来请罪，不禁有些愧疚，于是，不但没有加害刘秀，反而封他为武信侯。不过，刘玄也留了一手，不再派刘秀去前线打仗，而是让他去洛阳负责修建宫殿与官署，打算在那里定都。

刘秀二话不说就去了洛阳。他设置下属官吏，用正式公文通知地方官府，完全按照西汉旧制处理政事，一切都办得井井有条。当初，三辅地区的官员们曾派代表到洛阳迎接刘玄的更始军，看见那些将领都用布包着头，有的还穿着女人的衣裳，没有不耻笑的，等到看见刘秀的下属，都高兴得不能自制，有些在西汉当过官的老人还流着泪说："想不到在我有生之年，还能重新看到汉官威仪！"从此，洛阳城中有见识的人都归心刘秀。

没过多久，洛阳的宫殿就修缮好了，刘玄虽然高兴，倒也没有急着进宫享受。因为这时王莽的新朝虽然覆灭，但是黄河以北各州郡都持观望态度，并没有归附更始政权。当时，除了在山东迅速发展壮大的赤眉军，还有"河北三王"、铜马、尤来、公孙述等地方割据势力。这时南方流行一首童谣："得不得，在河北。"也就是说，能不能摆平河北，决定了更始政权的命运。所以，刘玄想选派一个得力的干将前往河北做招抚工作，可又不知道派谁去才合适。

大司徒刘赐建议说："只有刘秀有能力做好这件事。"但朱鲔等将领怕刘秀趁机壮大实力，都表示反对，刘玄便犹豫起来。

刘秀做梦都想离开洛阳，他听说刘玄拿不定主意，就接受冯异的建议，暗暗用重金买通左丞相曹竟，请他替自己说话。曹竟以忠义闻名天下，刘玄拿下洛阳后，就派人将他请入朝中，拜为左丞相，十分器重他。果然，曹竟的话相当管用，刘玄马上任命刘秀为大司马，让他去招抚盘踞在河北的各方势力。

大司马是三公之一，掌管天下所有兵马，是国家最高军事长官。看上去好像是重用刘秀，实际上，刘玄不给他一兵一卒，只发给他一根象征皇权的节杖，摆明了让刘秀当光杆司令呢。

刘秀却一点儿也不计较，他带着冯异等人来到黄河以北的一些郡县，认认真真地考察官吏政绩，根据能力的大小任用或罢免，又亲自审理当地的诉讼刑狱，废除王莽时的残酷政令，恢复汉朝官名制度。当地的官民都欣喜不已，争先恐后拿着食物和美酒慰劳他们，却总被刘秀笑着拒绝。

不久，刘秀一行来到邺城。有人向他报告说："大司马，有个姓邓的年轻人说他从洛阳一路追你到这儿。"刘秀疑惑极了，吩咐请那人进来。一见面，刘秀拊掌大笑道："老弟，原来是你呀！"

来人叫邓禹，是刘秀在长安求学时认识的朋友，当年两个人非常投缘，经常在一起聊国家大事，每次都有说不完的话。后来，刘秀回到老家种地，两人就分开了。

刘秀见邓禹风尘仆仆，就亲切地拉着他的手，说："我现在手上有任免官员的权力了。老弟你追我追得这么急，莫非是想当什么官吗？别客气，尽管说。"

谁料邓禹把头摇得像拨浪鼓，说："我不要当官，我是追随明公①您来的。我知道您的才德足以平定天下，希望可以为您出点儿力，将来在史书上留下姓名。"

刘秀仰天大笑道："老弟果然是志士，我一定不会让你失望。"于是，邓禹就留在刘秀军中，为他出谋划策。

当晚，邓禹就和刘秀秉烛夜谈。论及天下大势时，刘秀说到自己的处境，邓禹提出了争夺天下的计划："现在天下大乱，崤山以东还没安定，像赤眉军那样占据地盘的队伍多得很。刘玄平庸无能，不能成大事。他手下的那帮弟兄呢，眼里只有钱财，没有什么远大目标。明公您虽然辛辛苦苦辅佐刘玄，建立了不小的功劳，恐怕也成不了大事。不如趁这次到河北，网罗天下英雄。"

刘秀点点头，说："你这话说到我心坎里了。自从离开洛阳，我也一直在想出路，无奈我只是一个没有兵马的大元帅，在河北又人生地不熟。我该怎么办呀？"

邓禹笑了笑，安慰他："这倒不用担心。各个地方的起义军将

---

① 东汉、魏晋时常称宰辅及地方州牧为明公。

士都是苦出身，不讲纪律，不受约束。他们每到一个地方，就跟强盗一样烧杀抢掠，老百姓对他们又怕又恨。古人说得好，得民心者得天下。所以这次您到了河北，要整治军纪，约束将士，努力得到当地老百姓支持。只要老百姓认准了您，您又何必担心将来大业不成呢？"

自打刘秀起兵，从来没有人像邓禹这样把天下大势分析得如此通透，刘秀心中豁然开朗，前方的路虽然并不平顺，可他已经有了明确的方向。

第二天，刘秀让左右称邓禹为"将军"，开始按照邓禹的建议，打着更始帝的旗号招兵买马。不少英雄豪杰见他们的制度法令比其他队伍要严明，就前来投奔。渐渐地，刘秀手下的能人多了起来，他便带着邓禹、冯异一行前往邯郸。

成语学习①

汉官威仪

威仪，指使人敬畏的仪仗、仪式。原指汉朝官吏的礼仪、服饰制度。后泛指华夏正统的皇室礼仪、典章制度。

造　句：我们可以通过一些影视作品了解汉官威仪。

---

① 这个故事的原文里还有成语"分崩离析"（崩，倒塌；析，分开。形容国家或集团分裂瓦解）、"望风响应"（看到对方有什么举动，就积极响应）。

〖 北道主人 〗

《资治通鉴·汉纪三十一》

秀将南归，耿弇（yǎn）曰："今兵从南方来，不可南行。渔阳太守彭宠，公之邑人；上谷太守，即弇父也。发此两郡控弦万骑，邯郸不足虑也。"秀官属腹心皆不肯，曰："死尚南首，奈何北行入囊中！"秀指弇曰："是我北道主人也。"

译 文

刘秀打算南归，耿弇跳出来反对道："现在追兵从南方来，不可以南行。渔阳太守彭宠，是您的同乡；上谷太守，是我的父亲。征发这两郡的弓箭手一万人，对付一个王郎绰绰有余。"刘秀的属官和亲信都不肯，说："人死了，头还要向着南方，为何我们要向北进入敌人囊中？"刘秀指着耿弇说："这是我北路的主人。"

豆粥和麦饭

刘秀自从哥哥被杀后，每逢独处时，总是吃素菜以寄托哀思，还经常流泪。有一次，冯异进来禀报事情，不经意间看到他枕头上的泪痕，马上明白怎么回事，就安慰他说："将军，人死不能复生，请您不要太难过，要为天下人保重自己的身体啊。"

刘秀见冯异说出自己的心事，吓了一跳，赶忙制止："你可千万别乱说！"

冯异点点头，趁机建议道："现在天下大乱，更始政权也不得人心，百姓不知道该跟谁。俗话说，一个人饿得太久，给他点儿东西吃，他就会很满足。如今您负责招抚河北，正是传播善政恩德、争取民心的好时机。"

冯异与邓禹的建议不谋而合，这让刘秀心头一亮。于是，到了邯郸之后，刘秀马上安排手下巡视各郡县，考察官吏，审理囚犯，赈济那些没有亲属供养、无依无靠的人。老百姓都欢天喜地，刘秀的威望因此大增。

有个叫刘林的汉朝宗室后裔，在当地很有影响力，听说刘秀的名声后，就想趁机做点儿大事，于是主动前来献计说："现在赤眉军驻扎在河东 ① 地区，我有办法消灭他们。"

刘秀正为日益壮大的赤眉军而烦恼，便急切地说："那太好了，

---

① 战国、秦、汉时指今山西西南部，唐以后泛指今山西全省。因黄河自北而南流经本区西界，故有河东之称。

请您说说看。"

刘林得意扬扬地说："只要在列人县^①境内决开黄河，大水就能把他们都淹成死鱼烂虾，将军您根本不用费一兵一卒。"说完掏出随身携带的地图，指着列人县的位置给刘秀看。

刘秀皱起了眉头，不客气地说："没错，你的办法是可以把赤眉军消灭光，可是河东的老百姓不也跟着遭殃吗？我们是仁义之师，怎么能干这种伤天害理的事呢？"

刘林见刘秀拒绝自己的"妙计"，一气之下打算自己干，他找来一个叫王郎的算命先生，诈称他是汉成帝刘骜的儿子刘子舆，在邯郸称帝。河北、辽东各郡县的老百姓信以为真，纷纷响应，一时间王郎势力席卷整个河北。王郎还命人传递檄书，用十万户的采邑作为赏金，要捉拿刘秀。

刘秀知道硬拼是拼不过王郎的，只好带着自己的人马往北走，想夺取蓟州作为根据地。一路上，刘秀让部将王霸去城里招募士兵，以对付王郎。集市上的人听说王霸的来意后，都放声大笑，不断挖苦嘲笑他，没有一个人肯去。

刘秀很担忧，就产生了南归的心思。他手下的将领也觉得前途渺茫，都赞成他的决定，只有一个年轻人站出来反对："这个时候怎么能南归呢！现在抓我们的人正好从南方来，如果我们往南走，不是自个儿送上门去吗？"

年轻人名叫耿弇，是上谷郡太守耿况的儿子。前不久，耿况听说更始帝恢复了汉室，就让耿弇代表自己前去归附，路上正好遇上王郎称帝。耿弇的两名随从见王郎的队伍声势浩大，就劝耿弇投奔王郎。耿弇早就知道王郎是什么货色，一听就来气，将手按在剑柄

---

① 治所在今河北肥乡东北十五里。

上，说："这个所谓的刘子舆不过是个江湖骗子，最终不会有什么好下场的。你们竟然劝我跟随他，我看你们将来危险了！"那两名随从不听，悄悄地投降了王郎。耿弇一个人继续往前走，一路上，他听不少人说起刘秀的贤名，干脆前来投奔。

此刻，大伙儿都看着耿弇，不服气地说："你一个新来的知道什么呀！王郎的人正在追杀我们，我们在北边没有一点儿根基，拿什么跟王郎拼？不南归难道在这里等死？"

耿弇没理他们，对刘秀说："渔阳太守彭宠是您的老乡；上谷太守是我的父亲，肯定会站在我们这边。我们应当向北走，征发这两郡的一万弓箭手，到时肯定能轻松拿下邯郸。"

刘秀手下人都不信，纷纷说："死到临头了，头当然要向着故乡南方的方向，怎么能反过来向北自动钻进敌人的囊中呢？"

刘秀见他们争个没完，就指着耿弇说："谁说我们在北方没根基，耿弇就是我的北道主人。今天我们赌一把，往北走！"

谁知，刘秀刚下决心往北，就听说蓟州有个叫刘接的，贪图赏金，带着大量兵马前来追杀自己。刘秀只好领着将士们日夜不停地向南奔驰，一路上，不敢进入城市，吃住都在路旁。

这天深夜，他们到达饶阳的芜蒌亭，当时正是严寒季节，将士们又冷又饿。冯异急忙命人煮好豆粥慰抚将士，又亲自盛了一碗呈给刘秀。刘秀咕咚咕咚地一口气喝完，感叹道："一碗豆粥喝下去，舒服多了！"

他们刚放下碗，就听说王郎的追兵来了，大家很害怕，又没命地跑起来。到滹（hū）沱河，刘秀派王霸去打探前方的路况。

王霸骑马到了河边，看到水面还有浮冰，冰层不稳固，没法渡河。可是为了不影响士气，他回来后就说："大家放心，河面已经结了厚厚的一层冰，明天一早就能顺利渡河啦。"大家的心顿时踏实了，当晚美美地睡了一觉。

说也神奇，这天夜里气温骤降，河水果然结冰了。第二天一大早，刘秀一行顺利渡河，来到了南宫县。谁知刚进城，又遭遇到大暴雨，将士们一个个被淋成落汤鸡，冻得瑟瑟发抖。刘秀只得暂停行军，让大家进路边的空屋里避雨、烤火。火光照亮着将士们一张张疲惫不堪的脸，刘秀忧心如焚：这一路南奔，日夜兼程，顶霜冒雪，还不知前面情况怎么样……

过了一会儿，一阵麦饭的香味将刘秀从沉思中拉了回来，他循着香味一扭头，见冯异捧着一碗麦饭，不声不响地站在自己身边。刘秀心头一热，将种种忧思暂时抛到脑后，双手接过那碗麦饭，狼吞虎咽地吃起来。

吃完饭，刘秀一行继续赶路。路上，他听说信都太守任光、和戎太守邳肜（pī róng）不肯归附王郎，就决定前往信都，联合他们共同攻打王郎。

刘秀一行到信都后，任光、邳肜都非常高兴。可是，刘秀当时只有四千将士，加上两郡的兵马，也才一万多，根本没办法与王郎大军抗衡。于是，他下令在沿途的郡县征发警卫部队，号召他们一同去攻打邯郸，揪出冒充汉朝后裔的骗子王郎，各郡县纷纷响应。

当时，真定王刘杨率部众十余万人投靠王郎，刘秀为了将他争取过来，就娶了他的外甥女郭氏当夫人，刘杨于是倒戈投了刘秀。有了刘杨的支持，刘秀的腰板硬了不少。恰好这时刘玄派来增援的尚书谢躬带兵赶到，刘秀就一鼓作气向王郎的老巢邯郸挺进。

王郎听说刘秀的大军来势汹汹，吓得魂飞魄散，连忙派谏大夫杜威出城求降。杜威表明来意后，再三强调王郎就是汉成帝的亲骨肉。刘秀大笑道："现在的情形之下，即使是汉成帝复活，也不能得到天下，何况他的冒牌儿子？"

杜威又退让一步，请求刘秀封王郎万户侯。刘秀哼了一声，说："留他小命已经不错了。"

投降没戏，王郎只得硬着头皮抵抗。可是，他的那些乌合之众哪是刘秀大军的对手？仅仅二十多天后，王郎的部下就献城投降，王郎被杀，刘林趁乱溜了。

刘秀进邯郸后，检查王郎的文书，发现了自己的将士写给王郎的几千份奏章，内容无非是向王郎表示忠心，以及说刘秀的坏话。刘秀也不细看，命人将信全部堆在地上，当众烧了，还说："过去我们东躲西藏，大家想离开我另谋出路，我能理解。现在我把这些东西都烧了，以后大家跟着我好好干吧。"将士们见刘秀如此仁厚，都非常感动。

更始帝听说刘秀平定王郎，声势日益壮大，真是又惊又怕，于是假惺惺封刘秀为萧王，却命令他的所有将士都复员，并让他和有功的将领一起回京受封，企图剥夺他的兵权。刘秀心里透亮着呢，便回复说："王郎虽然死了，可是像赤眉、铜马这一类的军队，在河北还有好几十支，每一支都有十几万人。为国家安全着想，我只好留下来为您平定河北了。"

成语学习

北 道 主 人

北道上接待过客的主人。

造　句：东汉名将耿弇帮助光武帝刘秀
收复河北，当得起"北道主
人"这个称赞。
近义词：东道主人

【 推心置腹 】

《资治通鉴·汉纪三十一》

诸将未能信贼，降者亦不自安；王知其意，敕令降者各归营勒兵，自乘轻骑按行部陈。降者更相语曰："萧王推赤心置人腹中，安得不投死乎！"由是皆服，悉以降人分配诸将，众遂数十万。

译 文

刘秀的部将们不相信降将们的诚意，而降将们也心不自安。刘秀了解他们的想法后，让降将们回各自的军营整顿部队，过了一会儿，他一个人骑了一匹马，前往铜马降将的军营巡视。降将们见他孤身前来，便互相告诫道："萧王诚心诚意地待人，我们怎么能不为他效命？"因此大家都心服口服。刘秀仍把降兵分配给各位将领，刘秀的部众于是达到数十万。

铜马皇帝刘秀

更始帝刘玄听说萧王刘秀拒绝回京城，恼羞成怒，立刻派出心腹苗曾等将领前往河北，担任各州郡的地方长官，试图逼刘秀就范。

这样一来，刘秀面临的压力就来自两个方面，一是刘玄，二是河北其他势力，比如铜马、尤来、大肜、高湖等起义军，这些队伍各自占据一块地盘，加起来有近百万兵众。

刘秀知道，要在河北立足，必须先平定这些起义军。于是，他派部将吴汉和耿弇出马，将苗曾等人杀死，并以萧王的名义调来幽州①十郡的骑兵，打算先消灭河北实力最强的铜马军。

当时铜马军虽有十多万人马，但是内部松散，没有作战规划，打仗纯靠硬拼。刘秀与将士商议之后，决定避其锋芒，打持久战。他一方面坚壁清野，闭营不战，一方面悄悄地派出一支队伍，截断铜马军的粮道。双方耗了近两个月后，铜马军的粮草吃完了，只好撤兵。刘秀大喜，立刻带兵连夜追击，几番奋战后，将铜马军杀得全都乖乖投了降。

仗是打赢了，可怎么安置这十几万的铜马军降兵呢？这支军队鱼龙混杂，处理不好可能引火烧身，但如果能顺利收编他们，那刘秀就有了对付刘玄的资本。于是，刘秀给铜马军的首领都封了侯。可是，细心的刘秀发现，自己的手下都不相信这些降将，觉得他们

---

① 辖境相当于今北京市、河北北部、辽宁大部、天津市海河以北及朝鲜大同江流域。

就是一帮土匪强盗，很可能再反叛；而那些降将也不信任刘秀，心里一直惶惶不安。

刘秀想了想，就对铜马军的将领们说："你们先回营去整顿装备。"等他们走后，他就一个人骑了匹马，孤身前往铜马军的军营。

铜马军将士正吵得不可开交，没有人注意到刘秀的突然到来。有的说："我们打了败仗，恐怕会被活埋，大家逃吧。"有的说："还能逃到哪儿去，不如反了。"有的则说："你们的办法都不好，我们还是静观其变。"

刘秀听了好一会儿，突然大声道："大家听我说几句！"

将士们这才注意到刘秀，见他身边连个随从都没有，都愣住了。

刘秀朗声道："各位兄弟，我知道你们担心什么。你们当初都是被生活所迫，无奈之下才起兵的。我这次来是想告诉大家，不管你们之前做过什么，只要你们现在诚心诚意归顺我，我一定既往不咎，并对大家一视同仁。"

铜马军将士听了，非常感动，嚷开了："萧王只身进我们的军营，对我们推心置腹，真是仁义啊，我们怎么能不为他拼死效命？""我们愿意追随萧王。"刘秀很高兴，让铜马军将领仍旧管着原来的队伍，大家都对这个安排很满意，对刘秀也心服口服。

刘秀顺利地收编了铜马军后，一下子有了几十万部众，于是打算北上平定燕、赵两地。不料，这时有人来报告说，更始帝刘玄与赤眉军又打起来了。

原来赤眉军首领樊崇听说刘玄当了皇帝，恢复了汉朝，就带着二十多名部将前往洛阳。刘玄虽然把他们都封为列侯，但是只让他们挂虚名，并没有采邑，也不好好安置那些还在营地的赤眉军。同去的赤眉军将领心都凉了，没过几天便悄悄地跑了。樊崇对刘玄也很失望，怕赤眉军因此散掉，也逃回了营地，打算带着赤眉军与刘玄争夺天下。

刘玄并没有意识到大敌将至，他刚刚把都城从洛阳搬到长安，正忙着大赦天下，安抚三辅地区的民众，把原来的汉室贵族请出来当官呢。

当时长安只有未央宫被焚烧，其余宫室、仓库、官署都完好无损，长安的街巷也和从前一样热闹繁华。刘玄很高兴，就在长乐宫居住，他登上前殿，官吏们依照次序，齐刷刷地站在正殿前的院子里。刘玄见到这阵势，心中一阵发虚，低下头用手去刮席子。过了一会儿，几个将领前来报告事情，刘玄张嘴就问：“你们抢了多少东西？”刘玄身边的侍从都是宫中的旧人，听了这话都惊讶得张大嘴巴，面面相觑。

三辅地区很快安定下来，刘玄得意极了，开始享受当皇帝的乐趣。他娶了大臣赵萌的女儿当夫人，成天和新夫人在后宫饮酒嬉戏，把正事都丢给老丈人赵萌去管，实在推脱不过的大事，就让侍中坐在帐幕中和大臣们说话。有个姓韩的夫人尤其爱喝酒，每当她陪刘玄喝酒，如果有大臣来奏报事情，她总是怒气冲冲地说：“皇上正和我喝酒呢，你为什么偏偏挑这个时候报告呢？”说完腾地起身，拔剑将书案击破。从此，大臣们都不想多事，赵萌便大权独揽。

赵萌手中有权后，就滥授官爵，到后来连厨子都被他封了官。长安的老百姓就把这件事编成歌谣：“灶下炊烹忙，升为中郎将。烹煮烂羊胃，当了骑都尉。烹煮烂羊头，当了关内侯。”

刘玄本来就没什么能力，难以服众，现在他又忙于享乐，对赵萌的胡作非为睁一只眼闭一只眼，驻守各地的将领们见状，趁机占领地盘，设立官吏，当起了“土皇帝”。

樊崇听说更始政权内部乱成一锅粥，觉得机会来了，就带着二十万赤眉军，兵分两路朝长安杀了过来。

消息传到长安，更始军将领内部先打起来了。更始将领张卬怕赤眉军，就和大家商议说："赤眉军早晚会打到长安来，我们肯定抵挡不住。不如现在先在长安抢掠一番，再逃回南阳。如果最终失败，我们就回到湖泽山林中做强盗。"大伙儿本是强盗出身，没有什么远大目标，觉得与其到时候被赤眉军打死，不如做回强盗，更快活自在，于是一起去劝刘玄。

刘玄当皇帝正过瘾呢，听说让他回去当强盗，气得脸色铁青，过了好一会儿，心情才平静下来，安排王匡、陈牧、成丹、赵萌等大将带兵抗拒赤眉军。

张卬不死心，悄悄与天水人隗（wěi）嚣等人合谋，打算劫持刘玄，实现先前的计划。不料走漏风声，刘玄称病不出，还打算将张卬、隗嚣等人召到宫中一起杀了。隗嚣看出情况不妙，就借故不去，逃回他的老巢——天水。张卬也有所怀疑，带兵杀入宫中。

刘玄见计划失败，只得投奔屯驻在新丰的老丈人赵萌。到新丰后，刘玄怀疑王匡、陈牧、成丹和张卬等人是同谋，于是将陈牧、成丹斩首。王匡事先得到消息，带着人马逃到张卬那儿。在赵萌的支持下，刘玄打败了王匡、张卬，重新回到长安。而王匡、张卬索性投降了赤眉军，与他们一道攻打刘玄的更始军。

刘秀料定更始军不是赤眉军的对手，打算趁他们火并时占据关中。他让邓禹带着三万人向西攻打赤眉军，自己则继续率兵北上。出发前，刘秀担心自己走后，驻守洛阳的更始大将朱鲔趁机来攻打河内，就特意安排寇恂镇守河内，负责管理内政，让冯异当孟津将军，负责河内的军事。

不久，朱鲔果然派部将苏茂前来攻打，却被冯异的大军打得落荒而逃，冯异又与寇恂联合起来，追着朱鲔打。朱鲔屁滚尿流地逃回洛阳城，下令将城门关得死死的。冯异与寇恂追到洛阳城下，让军队排列整齐，绕城巡视了一圈才撤退。洛阳城中的军民吓破了胆，从此大白天也将城门关得严严实实的。

刘秀得到河内发来的捷报，欣喜若狂。将士们都来贺喜，并趁机劝刘秀称帝，有个叫马武的将领最先站出来说："大王您应当先做皇帝，再讨论征讨盗贼的事。如果您名号未正，就东闯西杀，天下人都不知道到底谁是主、谁是贼呢！"

刘秀吃了一惊，说："将军，你怎么说出这种杀头的话来？"

刘秀不肯当皇帝，其他地方的人却抢着当皇帝。前定安公刘婴占据临泾，当起了皇帝，但是很快就被刘玄平定了。不久，蜀郡太守公孙述也在成都称帝。

刘秀的部将听说后很着急，再次劝说刘秀称帝。刘秀仍然不答应。这时，一个叫耿纯的站出来劝道："将士们抛下家小，背井离乡，一心跟随大王，不过是觉得跟着您可以封官晋爵。可是您再三推辞，不肯当皇帝，我怕大家心灰意冷，产生离开的想法。到那时，事情就难办了。"刘秀有所触动，说："我会仔细考虑的。"

过了几天，刘秀就把冯异召来，问他的意见。

冯异诚恳地说："看现在这情形，刘玄必败，天下兴亡的重任全在您肩上，您就接受大家的意见吧。"

刘秀还是推辞，说："可是我怕自己能力有限，辜负大家的期望啊。"

冯异坚定地说："大王您的能力、威望都摆在那里，您就别推辞啦。"

刘秀这才高兴起来，说："听了你的话，我心里就有底啦。"

公元 25 年，刘秀在鄗邑 ① 即帝位，为表刘氏重兴之意，他仍以

①　今河北柏乡。

"汉"为国号，定都洛阳，史称东汉。刘秀即东汉光武帝。因为当年铜马军的收编为后来刘秀统一天下奠定了坚实的基础，所以老百姓亲切地称刘秀为"铜马皇帝"。

成语学习 ①

推心置腹

把自己的心放到别人肚子里。比喻诚心待人，实心实意。

造　句：我们是推心置腹的朋友，一直相互信任。	
近义词：推诚相见、肝胆相照	
反义词：钩心斗角、明争暗斗	

① 这个故事的原文里还有成语"缘木求鱼"（缘木，爬树。爬到树上去找鱼。比喻方向或方法错误，不可能达到目的）、"升山采珠"（到山上去采珍珠。比喻方向或方法错误，一定达不到目的）、"攀龙附凤"（指巴结有权势的人以获取富贵）、"狐疑不决"（传说狐狸多疑，所以称多疑叫狐疑。形容心里疑惑，一时决定不下来）。

【 披荆斩棘 】

《资治通鉴·汉纪三十四》

冯异自长安入朝，帝谓公卿曰："是我起兵时主簿也，为吾披荆棘，定关中。"既罢，赐珍宝、钱帛，诏曰："仓卒芜蒌亭豆粥，滹沱河麦饭，厚意久不报。"

译文

冯异从长安到洛阳入朝觐见。光武帝对公卿说："冯异是我当初起兵时的主簿，为我披开荆，砍断棘，清除各种障碍，平定关中。"觐见结束后，赏赐给他许多珍宝、钱、帛，颁下诏书说："当初在仓促之时，你在芜蒌亭进献豆粥，在滹沱河进献麦饭，深情厚谊，朕一直未能报答你。"

放牛娃抽签当皇帝

建武元年（公元 25 年），两股赤眉大军一路向西，很快在关中会师。随行的一位巫师鼓动赤眉军首领樊崇祭祀西汉城阳景王刘章，还口出狂言说："景王说过：要当就当天子，当什么强盗呀！"

部将也劝樊崇："现在您带着百万兵众去攻打长安，却没有一个称号，被天下人看作强盗，千万不能再这样下去了。不如您拥立一个刘姓宗室当皇帝，名正言顺地发号施令，看谁还敢不服？"

樊崇动心了，便找到景王刘章的七十多个后裔，从中选出与刘章血缘最亲近的三人：刘茂、刘孝、刘盆子。

皇帝只能有一个，选谁好呢？樊崇脑子一转，有了主意，说："我们抽签决定谁当皇帝吧。"

赤眉军将领都赞成，说："对，这个办法最公平。"

樊崇又说："我听说上古时天子亲自领兵，称为'上将军'。"于是他拿来一片木简，写上"上将军"三字，又拿了两片没写字的木简，让三人抽签。最终，年纪最小的刘盆子抽中了"上将军"。将领们一见，齐刷刷向他跪拜称臣。

刘盆子当时只有十五岁，光着脚，身上的衣服破破烂烂，头发披散着，脸涨得发紫，拿着木简的手一直发抖。之前，刘盆子和哥哥刘茂在赤眉军中主要负责放牛，日子虽然艰苦，倒也无忧无虑，现在突然见平时凶神恶煞的将领们一齐向他跪拜，吓得全身冒冷汗，差点儿哭了出来。

　　放牛娃刘盆子就这样当了皇帝。樊崇于是用皇帝的名义发号施令，开始攻打更始大军。与此同时，光武帝刘秀派来攻取关中的邓禹也引兵西进，并很快平定河东，接着渡过黄河，进入夏阳。

　　赤眉大军势如破竹，攻入长安，刘玄兵败，一个人骑马逃出长安，后来被杀，更始朝的文武官员全都投降了赤眉军。

　　赤眉军打了胜仗，大肆掠夺城内百姓的财物，三辅地区的人们

都惊恐不安，他们听说邓禹率领的汉军连打胜仗，且纪律严明，不骚扰民众，纷纷携老扶幼，出城迎接。每天都有上千人加入汉军，而邓禹每到一处，都会停下来慰劳问好，男女老少挤满在他的车下，露出久违的笑容。

将领们都劝邓禹直接攻打长安，邓禹却说："赤眉军刚刚占领长安，钱粮充足，锐不可当，现在不是进攻的好时机。不过，他们只是乌合之众，没有长远打算，在长安待不了多久。我们先北上攻打其他郡县，等赤眉军疲惫时，再来消灭他们。"

听说汉军避开长安，赤眉军便松懈下来，在城中举行盛大的宴

会，大家敲盆击碗，欢天喜地。可是，还没开吃，文武官员不知道因为什么事突然吵起来了，外面的兵众趁乱闯进皇宫，抢夺桌上的酒菜，场面一度失控。幸亏一名赤眉将领听到消息，带着军队进来，杀了一百多名乱兵，这场骚乱才平息下来。刘盆子见一下子死了那么多人，吓得缩在角落里不住地哭泣。

几天后，大臣们前来朝会时，刘盆子解下玉玺绶带，向赤眉军将领们连磕了几个响头，哭着说："这个皇帝我当不了，求求你们发发善心，让我退位吧。"

在场的文武官员都很同情他，向他叩头，拍胸脯再三保证："请陛下恕罪，以后我们不敢这么乱来了。"一名将领上前一把将刘盆子抱上宝座，给他戴好玉玺绶带。刘盆子急得哇哇大哭，却没有办法。

不久，长安城中粮食被抢得差不多了，赤眉军将士就把抢来的金银财宝装上车，又在城中烧杀掳掠了一番后，才撤出长安城，向西而去。邓禹得到消息，立即率军前往长安。

没想到，赤眉军在路上先是被已经占据陇西的隗嚣打败，后来又遇到大雪天气，很多士兵冻死，只好折回长安，城中没什么东西可抢，他们就挖掘西汉皇帝的坟墓，掠取里面的财宝。邓禹几次发兵前去攻打，结果都被赤眉军打败。

光武帝刘秀此时已经击败更始军的洛阳守将朱鲔，并定都洛阳，听说邓禹屡次战败，打算派"大树将军"冯异替代邓禹。

冯异自从在巾车乡归顺光武帝，跟着他东征西讨，一晃就是好几年，立下不少战功。那些追随光武帝的将领，在征战间隙经常聚在一起聊天，大家自夸战功，胡吹海侃，说得唾沫直飞。每当这个时候，冯异总是独自蹲在树下，不参与其中，将士们因此给他起了个"大树将军"的名号。

接到诏令的冯异立刻集结军队，光武帝亲自给他送行，并叮嘱道："长安一带的老百姓受尽了苦难，你这次去讨伐，要是赤眉军将士投降，就让他们回家种田。讨伐不一定要夺取土地、屠杀城池，最关键的是安定人心，不要给百姓造成痛苦！"

冯异率军向西进发来到华阴，巧遇到撤出长安的赤眉军。性格持重的冯异并不急于出战，而是与赤眉军对峙了六十多天。在此期间，双方打了几十次小仗，冯异小胜，收降了五千多名赤眉兵。

正好邓禹与车骑将军邓弘引兵东归，也到达华阴。邓禹邀请冯异合力进攻赤眉军。冯异却说："我觉得现在不是进攻的好时机，我同赤眉军对抗了几十天，虽然俘虏了他们的一些干将，但剩下的人数还很多，很难一下子消灭。"邓禹便没有坚持。

然而邓弘不顾劝阻，执意领兵攻打赤眉军。赤眉军假装战败，丢弃辎重逃走。辎重车上装的全是土，只有最上面铺了一层豆子。邓弘的士兵饥饿难耐，见到豆子，眼睛都发亮，立刻扔掉手中的武器，争着去抢豆子。赤眉军趁机回击，邓弘的军队因此大乱，死伤无数。

冯异没有办法，只好与邓禹一起去救援，赤眉军见汉军大部队来了，连忙撤退。冯异觉得士兵们太疲惫了，不适合再战，就劝邓禹收兵休整，但邓禹好不容易打退了赤眉军，正意气风发，根本听不进劝，命令将士们乘胜追击，结果被赤眉军挥戈反击，汉军士卒溃不成军，邓禹在慌乱中带着几十名骑兵逃到宜阳。

混战中，冯异也被冲下战马，只好与一些部下弃马步行，艰难地回到军营。然而冯异并不气馁，他把离散的士兵召集起来，修筑工事，操练演习，准备再战。

一个多月后，冯异派人向赤眉军下战书，约定在崤底决战。赤眉军连续打了几场胜仗，根本不把冯异放在眼里，满口答应再战。

双方交战那天，冯异精心布局，兵分三路：第一路是最弱的一万多名士兵，主要任务是迷惑赤眉军；第二路则由几千名精兵扮成赤眉军，躲在路边隐蔽的地方待战；第三路是冯异自己率领的几万主力军。

　　战斗开始了，第一路的一万多名士兵率先冲上前去，一下就被骁勇的赤眉军打得东倒西歪。冯异便从第三路的主力军中抽了一个小分队前去救援。赤眉军见状，觉得汉军不过如此，便把全部主力纠集到一起，打算全力歼灭汉军。

　　冯异一直站在高处，关注着前方战况。他见赤眉军越来越多，知道赤眉军的主力全在那儿了，便命第三路军全力冲杀。赤眉军没想到一下子会冒出这么多汉军，心里直打鼓，而汉军连吃败仗，今天终于有机会一雪前耻，个个杀红了眼。这场血战持续到中午，两军都打得疲倦不堪，战场上一片狼藉，鲜血满地，伤兵的哀号此起彼伏，但双方的士卒仍在勉力拼杀。

　　就在两边打得难分难解之时，突然从路边冲出几千名跟赤眉军一样打扮的将士，他们挥舞着手中的兵器，呐喊着杀入阵中。赤眉军一见，先是大喜，紧接着大惊。原来，这正是冯异埋伏在路边的第二路精兵，他们对着赤眉军乱砍一气，赤眉军在惊恐中逃散。

　　冯异率军追击，在崤底大败赤眉军，收降了八万多人，剩下的赤眉军逃到宜阳，被光武帝率领的汉军截断去路，最终也投降了。

　　消灭赤眉军后，冯异又马不停蹄地赶赴关中。此时的关中被十几个盗贼队伍占据，他们的首领如延岑等人，自称将军，手上的士兵多则一万，少则几千，经常为了争夺地盘互相攻打。冯异就采用逐个击破的战略，将他们一一平定。

　　建武六年（公元30年），冯异回到洛阳朝见光武帝刘秀。光武帝对满朝文武介绍说：“这位是朕当初起兵时的主簿，现在又为朕披荆斩棘，平定了关中。”光武帝赏赐了冯异很多珍宝钱帛，并回忆起在河北的苦难日子，对他说：“当初你在芜蒌亭进献豆粥，在滹沱河进献麦饭，如此深情厚谊，朕一直没能报答你。”冯异叩头拜谢说：“臣愿陛下不要忘了在河北经历的苦难，臣也不会忘记在巾车乡您对我的恩德。”

成语学习①

披 荆 斩 棘

披，劈开；斩，砍断；荆、棘，都指丛生多刺的小灌木。披开荆，砍断棘，指在前进道路上清除各种障碍，克服种种困难。

造　句：在成长的道路上，我们要披荆
斩棘，不要被困难吓倒。
近义词：激流勇进、一往无前
反义词：瞻前顾后、畏首畏尾

---

① 这个故事的原文里还有成语"失之东隅，收之桑榆"（东隅，东方日出处，指早晨；桑、榆，西方日落处，日落时太阳的余晖照在桑树、榆树的树梢上，指傍晚。比喻这个时候失败了，另一个时候得到了补偿）、"差强人意"（差，尚，略；强，振奋。指勉强使人满意）、"铁中铮铮"（铮铮，金属器皿相碰的声音。比喻才能出众的人）、"庸中佼佼"（指在平凡之人中才能较为特出）。

〖 有志者事竟成 〗

《资治通鉴·汉纪三十三》

又，田横烹郦生，及田横降，高帝诏卫尉不听为仇；张步前亦杀伏隆[①]，若步来归命，吾当诏大司徒释其怨，又事尤相类也。将军前在南阳，建此大策，常以为落落难合，有志者事竟成也！

译 文

再有，田横曾经烹杀郦食其，等到田横投降刘邦，刘邦下诏让卫尉郦商不要报仇。张步先前也杀了伏隆，今天如果他来归顺，我将下诏让大司徒伏湛消除怨恨，这两件事情又尤其相似。将军以前在南阳时，曾提出攻打张步的重大策略。我总感到计划庞大，难以实现。但对于有志的人，事情终究可以成功！

---

① 东汉官员。建武二年（公元 26 年），光武帝刘秀派伏隆出使青、徐二州，招降梁王刘永统治下的各个郡与封国，张步先降后反，于次年将伏隆拘禁并杀害。

耿弇平齐地

刘永是西汉宗室后裔，更始政权刚建立时，他就跑到洛阳朝见，更始帝刘玄一高兴，就封他为梁王，建都睢阳。刘永开始招兵买马，抢占地盘。等到王莽的新朝覆灭，不少人打着西汉宗室的名号称帝，刘永也不想浪费刘姓这个金字招牌，也自立为天子。之后，他拉拢了东海的董宪、齐地的张步和山阳的佼彊（qiáng）等割据势力，更始政权灭亡后，他又招揽了原更始军将领苏茂，成为东方的霸主，打算与光武帝刘秀争夺汉朝正统。

这时，光武帝已经灭了赤眉军，也将兵锋指向关东的刘永，派大将盖延、马武前去征讨。盖延率军包围睢阳。苏茂、佼彊、周建集合三万大军前来救援，却被盖延打败。刘永等人好不容易突围出城，逃往鄼（cuó）县。途中，刘永被部将杀死，苏茂、周建等人只好逃到垂惠①，拥立刘永的儿子刘纡（yū）为梁王。

光武帝得到消息，命大将马武、王霸率领两万多人围攻垂惠城。

苏茂很懂兵法，他事先打探到马武派出了一支运粮队伍，便悄悄派精锐骑兵在运粮队的必经之地拦截，准备断了马武的粮道后，再将他引入自己与周建的合围中，一举歼灭。鲁莽的马武果然中计，连夜带兵去救粮道。周建见状，果断打开城门，带着全副武装的将士，手持火把从城中冲出来追击马武。

---

① 在今安徽蒙城西北。

　　眼瞅着粮道被断，现在又被苏、周二人的兵马前后夹击，马武不由得慌了神。危急中，他想到距离自己不远的王霸，于是和将士们杀出一条血路，前去求援。

　　远远地，马武看到王霸的军营，就让将士们大呼："王将军，救我们！"奇怪的是，王霸的军营里分明灯火通明，却没有半点儿回应。

　　马武急了，亲自扯着嗓子喊："十万火急，请王将军出兵相助。"

　　过了老半天，才从军营里传出王霸的声音："苏茂实力太强了，我如果贸然出兵，只会和你们一样失败，你们自己努力杀敌吧。我们得保存实力替皇上办事。"

　　马武本来就是个暴脾气，听了这话真是怒不可遏，大骂道："王霸，你这个懦夫！我们奉诏一同剿灭刘纡，本应共同进退，没想到你竟然贪生怕死！好，我今天要让大家知道，我马武也是一条好汉。"说完，他转身冲向敌阵，与苏茂的追兵打了起来，他的部下也都跟着杀了上去。

　　营外的喊杀声、刀剑声不绝于耳，王霸仍然无动于衷，他的部将焦急地问："将军为什么不救他？"

　　王霸冷静地说："苏茂率领的是精锐部队，人数又多，面对强敌，我们本就恐慌，而马将军和我职位相当，谁也不能指挥谁，如果我贸然救援，必然会陷入混乱，免不了要失败。现在我们关门死守，拒不援救，马将军没有退路，自然会努力拼杀。而苏茂见我们不出手，一定会轻敌，觉得可以在短时间内取胜。一方大意轻敌以为可以速战速决，一方拼死搏斗以求一条生路，这场战斗一时半会儿肯定结束不了。等他们打得难分难解、苏茂的人马疲惫不堪时，我们再突然出兵协助马将军，定有胜算。"

　　果然不出王霸所料，双方交战了几个时辰，仍不能分出胜负。

这时，王霸手下的将领坐不住了，几次请求出去助马武一臂之力，王霸就是不准。

又过了好久，一个探子进来汇报说："马将军的人都杀红了眼，受了伤还在顽强搏杀。苏武的人久攻不下，有点儿不耐烦了。"

王霸帐下的几十名勇士一听，血往上涌，他们割断头发，再次请求出战。王霸这才大声道："走，我们去救马将军。"

苏茂、周建没想到王霸会突然出兵，被打了个措手不及，落荒而逃。

马武得救后才明白王霸的苦心，对他说："王将军，我错怪你了！你用兵如神，令人佩服！"王霸笑着说："马将军拼死搏杀，真是好汉啊！"马武惭愧地低下头。

不久，苏茂、周建又集合部众前来挑战，但任凭他们如何叫嚣，王霸都不为所动，下令死守不出，他还摆酒设宴，与众将士一起大吃大喝。这时，苏军的箭如雨点般射向营中，有一支还射中了王霸面前的酒杯，他却镇定自若，照常夹菜吃。

部下不解地问："苏茂已经惨败，士气正低落，我们为什么不趁机灭了他们？"

王霸摆了摆手，说道："苏茂的军队从大老远的地方前来，并没有带足粮草，所以三番四次主动挑战，就是想要早决胜负。我们偏不让他如愿，所以关门休兵，拖延时间。等他们丧失战斗力，我们再将其一举歼灭。"

苏茂、周建见王霸不出战，只好领兵回城。谁知周建的侄子周诵想投降汉军，不让他们进城。苏茂、周建只好带着兵众逃走。不久，周建死在途中，苏茂、刘纡便投奔了董宪。

光武帝亲自带兵大破董宪的军队，董宪逃走，刘纡则被部下杀死。佼彊听说后，吓得率部投降了汉军。苏茂则带着残部去投奔齐地的张步。

光武帝觉得董宪成不了气候，就让智勇双全的耿弇去攻打张步。当时，张步号称有几十万大军，而光武帝能给耿弇的兵马不多。所以，耿弇决定先易后难，慢慢地积蓄力量，集中对付张步。

耿弇的大军渡过黄河后，首先攻打小城祝阿。汉军从早晨开始攻城，还没到中午就攻陷城池。耿弇故意打开一个缺口，让城里的一部分士兵逃出去，投奔钟城。果然，钟城的军队听败兵们说"耿弇来啦"，吓得弃城而逃。于是，耿弇兵不血刃又拿下一城。几天后，耿弇轻轻松松攻下巨里、临淄，平定了济南郡。

耿弇觉得时机到了，想激怒张步，逼他出兵，就对将士们说："现在大家不要抢掠这些城池，等张步来了再狠狠地抢给他看。"

张步听说后，不怒反笑，大声说："耿弇兵这么少，又疲惫不堪，有什么好怕的！"

耿弇见张步不上当，就四处扬言："十天之内，我要取张步的脑袋。"

张步听了，十分愤怒，马上发兵进攻耿弇，双方展开激烈的交战。这时，汉军的骑兵突击队已经准备就绪，但耿弇怕对方锐气受挫，不敢前进，就有意示弱，率兵退回临淄小城，转而派部将刘歆、陈俊分别在城下布阵。

张步以为耿弇怕了，更加狂妄，说："这耿弇就是一个缩头乌龟嘛！"径直攻打耿弇的军营，刘歆等人也不含糊，迎了上去，双方立即陷入鏖（áo）战。

耿弇登上高台，仔细观看战场情况，心中有了主意。片刻之后，他亲自率领精锐部队，向张步的军队横冲过去。冲锋过程中，有一支流箭射中耿弇的大腿，他不想让大家惊慌，就悄悄地用佩刀截断箭杆，继续作战。双方一直战到天黑才各自收兵回营，大家这才知道耿弇负伤了。

正在鲁城的光武帝刘秀得知耿弇被张步攻击的消息，亲自率军前去援救。陈俊便对耿弇说："张步士气正盛，我们先关闭营门，休养军士，等皇上前来再战。"

耿弇不满地说："皇上马上就要到了，做臣子的应当杀牛备酒等待，怎么能将盗贼留给君王呢？"于是不顾箭伤，出兵大战，从早晨打到黄昏，双方将士的尸体填满了水沟和战壕。最终，张步抵挡不住，只得撤军，路上又遭到耿弇的追击，死伤惨重。

苏茂听说后，率领一万余人前来援救。一见面，苏茂就数落张步说："耿弇打仗一向厉害，以前延岑那么勇猛，还不是败在他手下？你为什么要自讨苦吃，主动去打耿弇呢？还有啊，你知道我已经在路上了，就不能等我来了再一起打吗？"

张步被说得脸上有点儿挂不住，说："惭愧惭愧，我无话可说。"

光武帝刘秀率军抵达后，亲自慰劳耿弇的军队，并对耿弇说："过去韩信攻破历下，开创了汉朝大业的基础；今天耿将军你攻破祝阿，建立了功绩，这些地方全是以前齐国的西方边界，你与韩信的功劳可以相提并论了。当年韩信攻击的是已经投降的军队，而现在将军你单独打败强大的敌人，建功比韩信更艰难。再有，田横曾经烹杀郦食其，等到田横投降刘邦，刘邦下诏让郦商不要报仇。张步先前也杀了我派去的使者伏隆，今天如果他来归顺，我将下诏让伏隆的儿子不要记仇，这两件事情又尤其相似。以前在南阳时，你就提出要平定齐地，我总觉得这个计划过于庞大，而我们的力量过于微弱，恐怕不能成功。如今我才知道，有志者事竟成啊！"

不久，光武帝派人告诉张步、苏茂，能诛杀对方而投降的人可以封侯。张步就杀了苏茂，向耿弇投降。至此，梁王刘永的残余势力基本被剿灭。

有 志 者 事 竟 成

竟，终于。只要有决心有毅力，事情终究会成功。

造　句：	范仲淹通过刻苦学习，终于成为北宋名臣，真是有志者事竟成啊！
近义词：	有志竟成、天道酬勤

---

① 这个故事的原文里还有成语"椎牛飨士"（椎牛，杀牛；飨士，犒劳军士。指慰劳作战的官兵）。

【 置之度外 】

《资治通鉴·汉纪三十四》

帝积苦兵间，以隗嚣遣子内侍，公孙述远据边垂，乃谓诸将曰："且当置此两子于度外耳。"因休诸将于洛阳，分军士于河内，数腾书陇、蜀，告示祸福。

译 文

刘秀被多年的戎马生活所苦，因为隗嚣已经派遣儿子做人质，公孙述又占据遥远的边陲，就对将领们说："我们暂时将这两个人放在考虑之外吧。"于是命将领们在洛阳休养，把军队调防到河内，多次向隗嚣、公孙述传送书信，告诉他们祸福利害。

不当刺客当说客

各地起义军讨伐王莽时，天水的隗嚣被推为"上将军"，成为割据一方的势力。后来，他归顺了更始帝刘玄，官拜右将军。赤眉军攻打长安时，更始军将领想劫持刘玄东归，隗嚣也参与其中。事情败露后，他逃回天水，在那里召集部众，壮大势力。当时三辅地区不少读书人为了躲避战乱，纷纷前去投奔，隗嚣都笑脸相迎，待他们像朋友一样真诚。因此，慕名来投的豪杰越来越多，没几年，他手下就汇聚了王元、申屠刚、班彪等一批有才能的人。

扶风郡①有一个叫马援的豪杰，听说隗嚣礼贤下士，也前来投奔。隗嚣早就听说马援胆识过人，对他的到来十分高兴，任命他为绥德将军，参与重要决策。

天水的地理位置得天独厚，长江流域的西汉水、黄河的最大支流渭河都流经天水境内。隗嚣早有依据天险称帝的想法，又担心自己没有能力统一天下，便想在已经称帝的公孙述与光武帝之间选一个投靠。选谁呢？他犹豫不定，就打算派马援分别出使两地，看谁更有帝王气象。

马援笑着说道："刘秀我不认识，可这个公孙述啊，我对他再了解不过啦。"

原来，公孙述和马援既是老乡又是好朋友。公孙述年轻时，虽

---

① 治所在今陕西兴平市东南。

然是靠父亲的关系才当上县长，可是他才能出众，将当地治理得井井有条，因此很快就被提拔为蜀郡太守。

更始政权建立后，公孙述知道人心思汉，就让人假冒更始政权的使者，任命自己为辅汉将军兼益州牧，然后选派精兵袭击南阳的起义兵，把首领宗成和王岑杀死后，兼并了他们的军队，一时实力大增。

后来，公孙述又击败了前来谋取蜀地的更始军，就不再打着汉军的旗号行事了，打算称帝。他吩咐工匠在山上筑新城，因城中有一口井经常冒白气，好像一条白龙，他便自号白帝，并将此城命名为白帝城①，国号"成家"。

蜀地的百姓和附近的少数民族听说了他的好名声，纷纷前来归附。关中地区的割据势力首领延岑等人也前来投靠，公孙述都拜他们为将军，其势力因此大涨，川蜀地区基本都纳入他的统治下。

马援和隗嚣商议之后，打算先去成都。一路上，他美滋滋地想："公孙述在蜀地称帝了，哈哈，我这个老朋友正好去祝贺一下，到时候见了面，喝个一醉方休！"

听说老朋友马援来了，公孙述命人以隆重的礼仪将他迎入使馆，等待朝见。马援左等右等，终于等来觐见的"宣诏"。他兴冲冲地来到大殿上，见到端坐在"龙椅"上的公孙述，正想冲上去，像小时候一样和他亲热地说话，旁边的侍从一把拉住了他。

公孙述跟没看见他似的，正襟危坐，傲视前方。马援只好讪讪地站着，侍从又示意他与百官一起祭拜宗庙、封侯、授衔。等这些烦琐的礼仪结束之后，公孙述丝毫没有要与马援叙旧的意思，只是威严地扫了他一眼，挥了一下手，示意他退下。

---

① 在今四川奉节东。

马援的心都凉了，回到陇西，他对隗嚣说："公孙述排场大，器识小，就是井底之蛙，不值得投靠。"

公孙述不行，光武帝怎么样呢？

马援又带着隗嚣的书信，马不停蹄地来到洛阳，在宣德殿面见光武帝。他见四周布置简陋，光武帝只戴着头巾，随意坐在一张椅子上，感到有点儿意外。

光武帝笑眯眯地对马援说："马将军一路辛苦了。听说你在两个皇帝之间犹豫，今天见到你，我感到很惭愧。"

马援连忙磕头说道："现在天下大乱，不仅君主在选择臣子，臣子也在选择君主。前些时候我去成都，公孙述戒备森严，今天您接见我却毫无防备，万一我是刺客呢？"

光武帝大笑道："你哪里是什么刺客哟，不过是说客罢了。"

马援暗想，光武帝果然气度恢宏，是一个能成大事的人，便说："天下大局，反复未定，现在沽名钓誉的人实在太多了。今天见到陛下，才知道这世间自有真正的天子。"

光武帝见马援不卑不亢，很是欣赏，特地派太中大夫来歙（xī）持节送他回去。

马援一回到天水，隗嚣就问起光武帝的情况。马援兴奋地说："这次在洛阳，刘秀接见了我数十次。每次说话，他的态度都随和亲切，话题极多，从早晨谈到深夜。依我看，刘秀的聪明才智、胆量谋略，不是其他人比得了的。而且，他坦率真诚，豁达而注重大节，和高祖皇帝很像。此外，他经学渊博，政事处理得有条不紊，比之前的帝王，有过之而无不及。"

隗嚣见他一个劲儿夸光武帝，心里老大不高兴，说："照你这么说，刘秀比汉高祖还要高明哩。"

第二天，隗嚣召见来歙，想再探究竟。来歙为他分析了当前的局势，说得头头是道。隗嚣还是拿不定主意，来歙走后，他又找来班彪。班彪是一个史学家，隗嚣就和他谈起周朝、汉朝的兴亡，想听听他的看法。班彪一听就明白了，隗嚣之所以犹豫不决，是因为他自己有称帝的念头，于是劝他不要和光武帝对着干。隗嚣一点儿听不进去。班彪担心惹上麻烦，便躲到河西去了。

掌控河西的人名叫窦融，他家世代都在河西地区做官，结交了许多英雄豪杰，在河西很有根基。河西一带民风质朴，而窦融为政宽厚平和，所以当地百姓都安乐富足。由于地处边境，羌（qiāng）人和胡人时常进犯，窦融总是亲自领兵奋勇抗击。羌人、胡人渐渐生出佩服之情，从此与他亲近起来。内地前来躲避战乱的百姓也络绎不绝地前来归顺他。

窦融一直很仰慕才华过人的班彪，恭恭敬敬地请他到府中当从事，经常听取他的意见。班彪便悉心替窦融谋划，劝他归顺光武帝。

窦融早就听说光武帝仁德，十分向往，便写信向他表示归顺之意。光武帝欣喜万分，任命窦融为凉州牧，并下诏说："蜀地有公孙述，天水有隗嚣，如果他们两家打起来，胜负就取决于窦将军您。您的地位举足轻重，您帮谁，谁就能获胜。我知道有人想分割天下，殊不知，君王可以分封土地，却不能分割百姓。"诏书传到河西后，当地人都非常震惊，认为光武帝明察善断，远到万里之外。

隗嚣本想拉拢窦融，壮大实力，现在窦融归汉，他知道自己无力对抗，就暂时放下称帝的打算，亲自到洛阳谒见光武帝。光武帝待隗嚣如上宾，用表字①称呼他，十分真诚。隗嚣为表诚意，就出兵帮助武帝平定陈仓人吕鲔的叛乱。

两年后，来歙出使天水郡，劝隗嚣入朝，隗嚣见当时的河西、

---

① 表字，又称字，是古人在本名以外所起的表示德行或本名意义的名字，用来在社会上与别人交往时使用，以示相互尊重。

豫东、渔阳等地都为汉军所破，形势越来越严峻，为向东汉朝廷表达忠心，特地派儿子隗恂跟随来歙到洛阳做人质。

光武帝很高兴，想着隗嚣的儿子在自己手上，他应当不会乱来，而公孙述在遥远的边陲，自己一时也不想攻打，当下应该让将士们好好休养，以后再做打算，就对将领们说："对这两个人，我们暂且置之度外吧。"

成语学习①

置 之 度 外

度，考虑。放在考虑之外。现指不把个人的生死利害等放在心上。

造　句：	面对敌人的枪口，志愿军战士 早已将生死置之度外。
近义词：	束之高阁、置之不理
反义词：	念念不忘、耿耿于怀

---

① 这个故事的原文里还有成语"不修边幅"（边幅，布帛的边缘，比喻人的衣着、仪表。形容不注意衣着或容貌的整洁）、"开心见诚"（披露真心，显示诚意。形容待人诚恳，显示出真心实意）、"旗鼓相当"（比喻双方力量不相上下）、"三分鼎足"（鼎，古代炊具，三足两耳。比喻三方分立，互相抗衡）、"闻道犹迷"（已经知道哪条是正路，却还往迷路上走。比喻知错不改，一错到底）。

【 得陇望蜀 】

《资治通鉴·汉纪三十四》

秋，八月，帝自上邽（guī）晨夜东驰，赐岑彭等书曰："两城若下，便可将兵南击蜀虏。人苦不知足，既平陇，复望蜀，每一发兵，头须为白！"

译 文

秋季，八月，刘秀从上邽县日夜向东奔驰。他写信给大将岑彭等人，说："如果攻陷两城，就可率领军队向南攻打公孙述。人真的是被不知足的心态所累啊，我们已经平定了陇地，又想得到蜀地。将士们每一次出兵，我的头发胡须都因此变白了。"

"哪来的神仙这么快！"

光武帝刘秀想将蜀地的隗嚣与陇地的公孙述暂时"置之度外"，公孙述却尽出些幺蛾子，不断向中原地区发送文书，想以此迷惑众人，说什么"符命都说了，我才是真命天子""我掌心有'公孙帝'三字的祥瑞"，等等。

光武帝就亲笔写信反驳他说："别在那儿睁眼说瞎话啦，你所说的掌纹祥瑞，不过是伪造的罢了。当初王莽也是这么干的，难道你想学他？现在天下大乱，人人都想做皇帝，可皇帝的位子，不是谁想坐就能坐的。您年纪那么大了，孩子又小，我劝你还是多想想。"公孙述不理他。

考虑到当时山东基本平定，光武帝就让来歙带诏书给隗嚣，希望联合他的军队，一起攻打公孙述。

隗嚣收到诏书，对心腹王元说："我才没这么傻呢！我帮他灭了公孙述，接下来我就要倒霉喽。"

王元劝道："将军，现在天下成败还没有定论，您完全可以趁机割据称王。"

这话真是说到隗嚣的心坎里了，他早就想凭借陇地的天险称王，不过现在儿子还在光武帝手里，还不能撕破脸，于是回复说："我现在兵力单薄，而且通往蜀地的栈道断绝，不容易通过，我认为现在并不是伐蜀的好时机。"

光武帝看出隗嚣有二心，打算灭掉他。出兵前，他想再给隗嚣一次机会，就让来歙带着诏书，再次前去劝说。隗嚣见了来歙，又犹豫起来。

来歙为人一向刚毅，见隗嚣含含糊糊，便怒斥道："皇上以为将军您分得清好坏，才特意让我几次送来诏书。您也挺痛快，把儿子送去洛阳，这是臣子和君主间的互相信任。现在您不仅不遵守信诺，还听信小人的蛊惑，定下招致灭族的计策，上对不起君主，下对不起儿子，可谓不忠不信。如何抉择，就在今日！"说完拔出宝剑，做出要刺杀隗嚣的样子。

隗嚣吓了一跳，赶紧躲进内室，调动士兵，要杀死来歙。

来歙毫不畏惧，大声说："既然如此，那你就等着瞧吧！"说完不慌不忙地登车要离去。

王元在一旁催促说："赶快杀了这个来歙，看他多嚣张！"

隗嚣听了更加恼怒，命人把来歙的车团团围住，要杀死他。这时，部将王遵劝道："来歙只是一名使者，一个人驾着车子前来，杀了他对刘秀没有太大的损害，却会给将军您带来灭顶之灾。小国尚且不可侮辱，何况是万乘之尊的帝王，再说公子隗恂还在汉朝做人质呢！"

一想到儿子，隗嚣打了个激灵，只好放了来歙，但他知道来歙一回去，汉军就会打来，便让王元带兵防守陇山底的几座小城，砍伐树木，堵塞要道。

马援见隗嚣与东汉对着干，就写信责备他反复无常。隗嚣很生气，调动军队准备教训一下马援。马援见隗嚣执迷不悟，干脆投奔了光武帝。光武帝给了马援五千骑兵，让他往来游说隗嚣的得力干将，以削弱隗嚣的实力。马援平时声望很高，一时间，投降东汉的将领还真不少。

隗嚣这才慌起来，上书向光武帝求和："陇山的百姓听说汉朝大军来了，都害怕极了，所以他们组织起来自救，我真是拿他们一点儿办法都没有。您放心，我一定遵守做臣子的本分，尽力把他们追回来。现在我在朝廷的手中，你们叫我死，我不敢活着。如果能再给我一次改过自新的机会，我就是死了也会铭记在心。"

光武帝不客气地回信说："如果你再派一个儿子到朝廷来，我就相信你。我快四十岁了，在军中度过了十年，不喜欢听花言巧语。你如果不愿意归附，就不必多费口舌了。"

隗嚣知道光武帝看透了自己，索性向公孙述称臣。公孙述非常高兴，封他为王，还派军队为他造声势。

建武八年（公元 32 年），光武帝率军亲征，兵分多路进攻隗嚣。这时，河西的窦融也带着五郡太守以及羌族、小月氏等步骑兵数万人前来会师。隗嚣驻守在各地的部将听说后，纷纷向汉军投降。

光武帝还是不想大动干戈，再次劝隗嚣投降，说："如果你能投降，我可保你父子平安。如果你想学黥布，那也随你便！"隗嚣到底不肯投降。光武帝便杀了隗恂，命大将吴汉、岑彭、耿弇、盖延发动全面进攻。

战事持续到这年的秋天，光武帝听说河东郡的守军叛变了，便匆匆忙忙赶回去处理。在路上，他还不忘写信交代正在围攻西城和上邽的大将岑彭："如果你们打下那两座城，就马上向南攻打公孙述。人心真的是不知足啊，我的毛病就在于得陇望蜀。说实话，将士们每一次出兵，我都操心得头发胡子都白了。可是不这样做，中原就无法统一啊！"

一年多后，汉军消灭了隗嚣的主力军。被围困多时的隗嚣愤恨而死，王元拥立他的儿子隗纯为王，继续抵抗汉军。又过了一年，隗纯也扛不住，投降了。

陇地平定了，汉军的兵锋便指向蜀地的公孙述。大将岑彭调集工匠，建造了几千艘大小战船。光武帝又派吴汉征调荆州军队共六万多人、骑兵五千人，与岑彭在荆门会师，为大举进攻做准备。

公孙述在长江上架起浮桥，建筑关楼①，把很多木桩钉立在江中，又跨山连接营垒，试图阻断水道，堵塞陆路，以抗拒汉军。

岑彭见招拆招，出重金在军中招募抢攻敌人浮桥的勇士。所谓重赏之下必有勇夫，偏将军鲁奇带着一群勇士应募。恰好此时东风大起，吹得江面波翻浪涌，岑彭大喜，命鲁奇率领勇士们驾船直冲浮桥。

风劲帆满，水花四起，鲁奇率领船队像箭一般冲出去，片刻之间就抵达浮桥。鲁奇正要下令冲毁浮桥，船却突然摇晃起来，原来是被钩住了。公孙述埋伏在关楼上的弓箭手见状，立即张弓搭箭，朝他们射来雨点般的飞箭。

情急之下，鲁奇大喝："齐发火箭，烧毁浮桥！"瞬间，火箭流星般地飞向关楼和浮桥。在狂风的助力下，火势一下子蔓延开来，楼上的弓箭手还没反应过来，就已经置身于熊熊烈火之中。紧接着，只听"轰隆"一声，关楼和浮桥都坍塌了。鲁奇大喜，立即率领勇士们冲毁木桩，与已经驶到跟前的蜀军展开了厮杀。

一直在观察战情的岑彭也率领汉军主力飞驰而来，几千艘战船加入了战斗。江面上汉军旗帜飘荡，锣鼓声、喊杀声几乎要把江面掀翻。此时的蜀军恨不得腋下长了翅膀，飞到岸边，逃离这地狱般的战场，他们慌不择路，光是掉下船淹死的就不计其数。

乘着胜利的威势，岑彭率领军队长驱直入，进占江关。他号令军中将士不得抢掠百姓，军队所到之处，百姓都奉献牛肉美酒慰劳大军。

---

① 瞭望用的小楼。

不久，岑彭率军抵达江州，攻占平曲、黄石①、武阳②等地，其攻势如暴风骤雨，兵锋所到之处，公孙述的军队全都四散奔逃。很快，汉军攻到离成都只有几十里的广都。

公孙述闻讯，吓得瘫坐在椅子上，用手杖连连击地，口中喃喃道："哪来的神仙，怎么会这么快啊？"

这时，有人呈上光武帝写来的劝降信，公孙述看完，叹了口气，缓缓说道："废或兴，都是天命。从古至今，哪有投降的天子啊？"

公孙述决定孤注一掷，他先后派刺客去刺杀来歙和岑彭，希望通过这样的办法来挡住汉军。然而，这并没有阻挡汉军征伐的脚步，来歙、岑彭被杀后，吴汉和臧宫接过大任，继续伐蜀。

建武十二年（公元36年）九月，汉军在经历多次战斗后，终于进入成都的外城，与公孙述展开激战，双方从清晨打到中午。混战中，一支长矛刺穿了公孙述的胸膛，他"啊"地惊叫了一声，从马上掉下来，被几名部下拼死抬进城内，当天晚上就死了。第二天早上，延岑打开城门，向汉军投降。

光武帝终于既得到陇地，又平定蜀地，结束西汉末年以来各割据势力混战不休的局面，统一了中原。

---

① 今重庆市涪陵区东北。
② 今四川彭山东。

得 陇 望 蜀

陇，指甘肃一带；蜀，指四川一带。已经取得陇右，还想攻取西蜀。比喻贪得无厌。

造　句：	有一种人就爱得陇望蜀，永远都没有满足的时候。
近义词：	得寸进尺、贪得无厌
反义词：	心满意足、称心如意

---

① 这个故事的原文里还有成语"析骸易子"（拆尸骨为炊，交换孩子而食。形容粮尽援绝的极端困境）、"千条万端"（千言万语。形容说的话很多）、"死中求生"（在极危险的境地中努力挣扎以求生路）。

〖 马革裹尸 〗

《资治通鉴·汉纪三十五》

　　秋，九月，马援自交趾还，平陵孟冀迎劳之。援曰："方今匈奴、乌桓尚扰北边，欲自请击之，男儿要当死于边野，以马革裹尸还葬耳，何能卧床上在儿女子手中邪！"

译　文

　　秋季，九月，马援从交趾返回，他的好朋友孟冀设宴慰劳他。马援说："现在匈奴、乌桓还在侵扰北部边疆，我想请求出兵讨伐。男子汉大丈夫只应当战死在疆场，用马革裹尸送回家乡安葬罢了，怎么能留恋家庭，陷于儿女情长之中呢？"

健康老头马援

"男儿要当死于边野，以马革裹尸还葬耳"，这句豪言壮语出自名将马援之口，意思是战死沙场没什么可怕的，大不了用一张马皮将尸体卷起来运回故乡安葬罢了。"马革裹尸"这个成语就源自于此。

马援是战国名将马服君赵奢的后裔。他早年经历坎坷，父亲早亡，由哥哥抚养长大。后来哥哥也死了，马援为了糊口，只好去当了一名小官。

当时王莽把控朝权，政局混乱，许多官吏趁机贪污，但马援一直仁厚、仗义。一次，他奉命押送一名重犯，路上了解到这名囚犯的凄凉身世，十分同情，便私自将他放走，自己逃到北地种田放牧。

马援虽然改了行，可豪爽侠义的秉性没有改。日子一长，慕名前来投靠他的人不少，渐渐地，他手下聚集了几百户人家。

游牧生活虽然艰苦，却没有磨灭马援的意志，他常常告诫大家说："大丈夫的志气，应当在穷困时更加坚定，年老时更加壮烈。"

后来，马援凭借出色的经营能力，积攒下可观的财富，成了名副其实的大财主，拥有几千头牲畜、几万斛（hú）谷物，但他却经常叹息说："手握这么多财物，重要的是能救济贫穷困苦的人，否则，不过是守财奴罢了！"

后来，马援把全部家产分给了亲友故旧，自己前往天水投奔隗嚣。不久，他发现隗嚣企图自立，又改投光武帝刘秀。

光武帝亲征隗嚣时，马援主动为他出谋划策。汉军行进到漆县①时，多数将领认为当地山高谷深，地势艰险，汉军不宜深入险境。光武帝也犹豫不定，便问马援的意见。

马援对隗嚣可谓了如指掌，他说："隗嚣看上去兵多势众，其实内部已经分崩离析，现在正是一鼓作气歼灭他们的好时机。"说完，他让人拿来些米，用米堆成山谷沟壑等地形地貌，然后分析隗嚣可能设伏兵的地方，又标出汉军的进退路线，将战局分析得透彻明白。

光武帝一边听，一边高兴地说："马将军堆米为山，一清二楚，汉军必胜！"第二天一早，他就命令军队兵分多路进攻隗嚣。

果然，有了"堆米为山"的演示，汉军顺利推进，最终歼灭了隗嚣的主力军。隗嚣落了个愤恨而死的下场。

而在汉军攻打蜀地的公孙述时，陇西边境不断发生羌人侵扰的事件，百姓深受其害，光武帝便任命马援为陇西太守，前去抚平羌乱。

马援率军进发，一路上马不停蹄，以雷霆之势击败侵犯临洮（táo）②的先零羌部落。部将们建议乘胜追击，马援却摇摇头说："羌人冷不丁地吃了败仗，现在已经有所防备，何况他们兵力有数万，我们不可贸然进击，应稍作休整，再做打算。"

不久，马援得知几万羌人聚集在浩亹（wěi）③，立刻率部暗中抄小路袭击羌人营地。羌人大惊，逃入山谷中，他们仗着山势险要，易守难攻，认为汉军就算追来了，也拿他们没办法，于是放心大胆地休息起来。

半夜，睡得正香的羌人被一阵突如其来的震天鼓声吵醒了，迷

---

① 治所在今陕西彬县。
② 治所在今甘肃岷县。因临洮水，故名临洮。
③ 治所在今甘肃永登西南河桥镇。

糊中他们睁开眼睛，只见营帐外火光冲天，一个个惊跳起来。原来，马援派了几百名精兵绕到羌人背后，乘夜放火烧营，还擂鼓呐喊。羌人被汉军的声势吓坏了，纷纷逃命。马援把投降的羌人迁徙到天水、陇西、扶风等地。

收到捷报后，光武帝非常高兴，但大臣们却认为羌人生活的破羌县以西离汉廷太远，经常发生变乱，不好治理，建议放弃。

马援听说后，上书反对道："陛下，臣以为万万不可。一则破羌县以西的城堡都保持完好，适合固守；二来当地土壤肥沃，灌溉方便，有利于发展生产；第三，如果舍弃这个地区，任由羌人占有，恐怕后患无穷。"光武帝觉得马援说得有道理，便让他放手管理。

马援先让三千多名百姓回到原居住地，接着为他们安排官吏，修治城郭，建造工事，开挖沟渠，鼓励他们耕田放牧。此外，他又招抚塞外的氐（dī）人、羌人，让他们都来归附，共同开发边疆。

然而，没过两年，参狼羌 ① 部落和其他羌人部落又不安分起来，他们侵犯武都，杀死当地官吏，掠夺百姓。马援闻报，立刻率领四千骑兵前去征剿，俘虏了一万多人。从此，羌人再也不敢来犯，陇西一带平安无事。

马援驻守陇西六年，任用官吏职责分明，他自己只是总揽大局。各部门主管有时向马援报告外面的事情，他就说："这样的小事，哪里值得麻烦我啊，你们就可怜可怜我这个老头子吧，让我也有时间游乐玩耍。如果是豪强侵犯小民，或者官员贪赃枉法，你们才要来告诉我。"

有一次，一伙人在城外械斗，人们以为是羌人造反，都惊慌失措，争先恐后跑进城内。当地县长急忙跑来请求马援关闭城门，征

---

① 西羌的一支。

调军队抵抗。

当时马援正在和客人喝酒，听完下属的传达后，哈哈大笑道："羌人怎么敢再来侵犯？快去告诉这个县长，让他守在家里，实在太害怕，可以躲到床底下去。"

后来，城内逐渐安定下来，才知是虚惊一场，大家越发佩服马援。在他的治理下，当地百姓渐渐过上了安定的生活。

一波刚平，一波又起。羌人刚平定，南边的交趾^①又出现叛乱，领头的是强悍勇猛的征侧、征贰姐妹俩。更糟糕的是，岭南地区的蛮人都起来响应她们。叛军接连攻占了六十五座城池，气焰嚣张。地方守军无力反击，求救文书雪片般飞向朝廷。

建武十七年（公元41年），光武帝拜马援为伏波将军，让他去讨伐交趾。马援率领军队顺着大海推进，开山辟路一千多里，抵达浪泊^②，大败叛军，斩杀了征侧、征贰，随后又扫除了余党，前后花了三年时间才平定整个岭南。

马援从交趾凯旋，京城百姓夹道相迎，盛况空前。马援的好朋友孟冀也设宴款待。马援感慨地对他说："我真是受之有愧啊！现在天下还没有太平，北方的乌桓、匈奴还在骚扰边境，我准备随时上战场。好男儿要死在疆场，马革裹尸还乡。"孟冀赞道："对，好汉就应当如此！"

几年以后，马援听说南方武陵郡^③发生暴动，便向光武帝请战。之前派去平叛的两位将领落了个全军覆灭，光武帝正愁眉不展，见马援请战，真是喜出望外。可是想到马援已经是六十多岁的老人，光武帝又不忍心，就对他说："马将军，你已经这么大年纪啦，还是留在家里享享清福吧，这次就让那些年轻人上战场。"

---

① 今越南北部。
② 今越南河内市西北。
③ 今湖南西部和贵州东北部，以及广西、四川、湖北部分地区。

马援朗声道："陛下，您嫌我老吗？我还能披甲上马。"

光武帝笑道："那你试试看。"

马援立刻飞身上马，手扶马鞍，昂首四顾，神采奕奕。光武帝见他豪迈健朗，不由得叹道："哎呀，真是个健康的老头啊！"当即同意由他率领四万将士远征武陵。

临行前，马援对朋友说："我深受皇上的恩情，总想拼尽全力报答。但是，我的确年纪大啦，恐怕属于我的日子不多了，所以我一直担心不能为国而死。今天我得以再次出征，就是战死沙场，也能瞑目了。"

果然，这次出征成了马援人生中的最后一战，由于当地酷热难当，很多士兵患瘟疫而死，马援也被传染，不久就病逝了。一代忠臣殒命疆场，实现了马革裹尸、不死床箦（zé）的理想。

成语学习[1]

马 革 裹 尸

马革，马皮。用马皮把尸体裹起来。指英勇牺牲在战场。

造　句：军人应当有马革裹尸、为国捐	
躯的气节。	
近义词：赴汤蹈火	
反义词：临阵脱逃	

[1] 这个故事的原文里还有成语"穷当益坚"（穷，穷困；益，更加。处境越穷困，意志应当越坚定）、"老当益壮"（年纪虽老，志向更高，干劲更足）、"聚米为山"（指形象地陈述军事形势和险要的地形）。

【 乐此不疲 】

成语说
资治通鉴

《资治通鉴·汉纪三十六》

皇太子见帝勤劳不怠，承间谏曰："陛下有禹、汤之明，而失黄、老养性之福，愿颐爱精神，优游自宁。"帝曰："我自乐此，不为疲也！"

译 文

皇太子见光武帝辛勤劳苦而不知疲倦，找机会劝谏道："陛下您有夏禹、商汤那样的圣明，却丢失了黄帝、老子那种修身养性之道。希望您能够爱惜身体，注意休息。"光武帝说："我自己乐于做这些事，并不为此感到劳累！"

"柔道"高手治天下

光武帝刘秀平定天下后，便回到阔别已久的故乡南阳。他修缮墓园，祭祀旧宅，又巡视了从前种的农田。到了晚上，他摆下丰盛的酒席，邀请父老乡亲前来喝酒叙旧。

当时，刘家的七大姑八大姨全都闻讯赶来，她们边喝酒边聊天，喝到高兴时就相互说："我们可是看着文叔 [①] 长大的，他小时候老实本分，不善于和人打交道，长大后性格还是偏柔和，没想到他竟能当皇帝！"

对于这番算是"以下犯上"的话，刘秀不但没计较，反而大笑着说："柔和……柔和好呀！柔能克刚。我治理天下，也要推行柔和之道。"

其实，在此之前，光武帝就用"柔道"对待文士大儒了。他曾经派使者到各地寻访那些声誉高的名士，给他们封官授爵，以礼相待。他身边因此聚集了一批能治国安民的文人儒士。但是，也有人不买光武帝的账，最著名的要数他的老同学严光了。

严光，字子陵，会稽余姚人，年少时就很有才气。他曾经和光武帝一同在京城求学，结为好友。后来，严光听说光武帝建立东汉，就隐姓埋名躲起来。光武帝很思念严光，就让人画了他的像，在全国各地寻找，终于在齐地找到他。光武帝几次三番征召，严光才不

---

① 刘秀，字文叔。

情不愿地来到洛阳。

当天，光武帝就去宾馆见严光。严光正躺在床上，看到他也不起身。光武帝一点儿都不计较，热情地跑过去，拍着他的肚子说："子陵呀，就不能帮我治理国家吗？"

严光干脆闭上眼睛不理他，过了好一会儿，他才睁开眼睛，仔细打量了光武帝一番，气哼哼地说："人各有志，你当你的皇帝，我当我的百姓，为什么要逼我当官呢？"

光武帝笑着道："难道你就不能顺从我一回吗？"见他没理睬，只好叹息着离开了。

第二天，光武帝又来找严光，谈起当年一起求学时的事情，两人都比较愉快，于是并排躺在床上。光武帝以手代枕，从容地问他："子陵啊，你觉得我和过去相比怎么样？"

严光从容地说："您比过去稍微胖了一点儿。"

光武帝笑了笑，邀请严光进宫，摆下宴席，好酒好菜款待他，当晚又留他在宫中，和自己一同睡。两人聊到半夜，光武帝怎么也睡不着，严光却呵欠连连，不一会儿就打起了呼噜，还将一只脚架在光武帝的肚子上。光武帝任由他压着，一直不吱声。

光武帝一连和严光谈了好几天，越谈越佩服他的才华，想封他为谏议大夫①，严光却死活不答应。几天后，严光离开洛阳，隐居在桐庐富春江边，每天只是钓钓鱼，种种地，读读书。

光武帝虽然感到惋惜，但没有生气，一直对严光礼遇有加。严光去世时，朝廷还命当地官府妥善将其安葬。

光武帝不仅以"柔道"对严光这样的隐士高人，还以"柔道"善待那些开国功臣。

———————————

① 掌侍从顾问、参谋讽议。

一天，光武帝正与高密侯邓禹、胶东侯贾复等功臣一起聊天，皇太子刘彊上前行了个礼，恭恭敬敬地说："陛下，您南征北战这么多年，一定有很多心得，儿臣想向您请教怎么带兵打仗。"

大家满心以为光武帝会大谈特谈，毕竟他从二十八岁在宛城起兵，到平定蜀地时已经四十三岁，十五年的军旅生涯，肯定积累了

很多带兵打仗的经验。谁知，光武帝却淡淡地说："从前卫灵公请教战争的事，孔子不肯答复。这种事，你还是不要问的好。"

邓禹、贾复听出光武帝话里有话。当年孔子之所以不答复卫灵公，是因为他反对战争，提倡礼仪教化。天下人痛恨打仗，盼望好好过日子。现在四方平定，光武帝自然要放下武器，让百姓休养生息，那他们这些功臣名将就不能手握重兵待在洛阳了。于是，他们顺着光武帝的意思说："陛下，现在不用打仗了，不如解散军队，让将士们都回家种地去，我们也想回家好好研究儒家经典。"光武帝笑着答应了。

邓禹忠厚质朴，回家后不仅自己潜心做学问，还严格要求他的十三个儿子，对他们说："你们每个人都要学习一门技能，将来可以专心治学，自食其力。我们邓家的孩子，决不能做纨绔子弟。"儿子们都遵从他的教诲，踏踏实实地学技艺。以后，邓家的家庭开支都来自邓禹的封地，不从其他地方营利。

贾复原是文人，追随光武帝后，经常冲锋陷阵，立下的战功一点儿也不比那些骁将少。可是他生性淡泊，每当将领们坐在一起自夸战功时，他都不声不响。光武帝听说后，就感慨地说："贾君的功劳，我心里最清楚。"所以在平定天下后，封他为胶东侯。

交出兵权后，贾复也关起门来修身养性。当时有大臣推荐他当宰相，光武帝虽然知道他是个好人选，可是由于朝廷正在大力整顿吏治，一律不任用功臣，就没有答应。

有了邓禹、贾复带头，耿弇等征战四方的名将也纷纷交出兵权，回家享清福了。光武帝也不想亏待这些跟着他打江山的功臣，都保留了他们的爵位与封地，还让他们定期参加朝会。如果地方进献了特产美味，光武帝都会先赏赐给他们，剩下的才给宫中享用。如果他们中有人犯了一点儿小过失，光武帝总是能够包容、原谅。因此，东汉的开国功臣，全都得以善终。

不过，光武帝让功臣们交出兵权的举动，也吓到了一些人，大司空窦融就是其一。窦融并不是与光武帝一同创业的旧臣，官位却比那些功臣都要高，所以他每次晋见，都小心翼翼，言谈举止非常谦卑，光武帝因此特别厚待他。

窦融见大批功臣回家，心中不安，几次上书说："皇上，我只有一个儿子，可是不成器，我想辞职回家，每天早晚用儒家经典教导他，让他学会恭敬谨慎，恪守正道，否则，他守不住那些超越本分的荣华富贵！"光武帝不答应。

窦融就想单独晋见，光武帝也不准。这天，朝会结束，窦融故意磨蹭着不肯走，光武帝猜他要提辞职的事，就让左右催他回家。窦融无奈，只好退下。

几天以后，光武帝见到窦融，说起那天催他走的事，解释道："那天，我知道你是来提辞职的事，所以让侍从对你说'天气太热，不如早点儿回家凉快凉快'。今天见面，就不要提辞职啦，我们还是聊点儿别的吧。"窦融苦笑不已。

光武帝不仅以"柔"待文武大臣，对天下百姓更是如此。几十年的战乱，让老百姓生活十分困苦。为了减轻百姓的负担，光武帝下诏说："以前动不动就打仗，打仗需要很多钱，而国家财政一直紧张，所以按十分之一收税。如今天下太平了，粮食储备增多，以后各郡、各封国收取的田租，按三十分之一征税，恢复从前减免田租的制度。"对于那些生活不能自给的穷苦人，光武帝要求官府发给粮食。

之后，光武帝又九次颁布诏令，要求释放奴婢，禁止虐待和杀害奴婢，胆敢违抗者严惩不贷。这么一来，老百姓都欢天喜地，积极拥护朝廷。

更难得的是，光武帝以"柔"待人，对自己却极其严格。他每天早晨主持朝会，午后才散，又经常召见文武大臣讲说经书义理，到半夜才睡。皇子刘庄见他这么劳累，非常担心，就找了一个机会劝谏道："陛下处理国事，日夜操劳，儿臣实在担忧。您有夏禹、商汤那样的圣明，却丢失了黄帝、老子那种修身养性之道。希望您以后能够爱惜身体，注意休息。"

光武帝摇摇头，笑着说："难为你一片孝心。不过，我处理国事，可谓乐此不疲！"

正是由于光武帝以柔治天下，东汉初年才出现社会安定、经济恢复、人口增长的局面，史称光武中兴。

成语学习

乐 此 不 疲

因酷爱做某事而不觉得厌烦。形容对某事特别爱好而沉浸其中。

造　句：	越来越多的人乐此不疲地玩微信、刷抖音。
近义词：	乐而忘返、专心致志
反义词：	心猿意马、心不在焉

【 夜以继昼 】

《资治通鉴·汉纪三十五》

　　尝出猎，车驾夜还，上东门候汝南郅恽（yùn）拒关不开。上令从者见面于门间，恽曰："火明辽远。"遂不受诏。上乃回，从东中门入，明日，恽上书谏曰："昔文王不敢槃（pán）于游田，以万民惟正之供。而陛下远猎山林，夜以继昼，其如社稷宗庙何！"

译　文

　　有一次外出打猎，车驾夜里返回，上东门候汝南人郅恽拒绝开门。光武帝命随从在门缝间和郅恽见面。郅恽说："灯火太远，看不清是谁。"不接受诏命。光武帝只好返回，从东中门进城。第二天，郅恽上书规劝说："从前，周文王不敢沉溺于狩猎，全身心地为万民服务。可是陛下远到山林中打猎，从夜晚一直到白天，这对社稷和宗庙有什么好处呢？"

硬脖子县令

光武帝的姐姐湖阳公主年纪轻轻就没了丈夫，光武帝就想帮她再找一个如意郎君。一天，他和湖阳公主聊天，有意评点起朝中大臣，想探探她的意思。湖阳公主说："我看那个叫宋弘的，相貌出众，气度儒雅，大臣中没有谁能和他相提并论。"

"原来姐姐看中了宋弘！"光武帝暗喜。

宋弘是大司空，经常为光武帝举荐人才。有一次，光武帝问宋弘："谁是学识渊博的人？"宋弘推荐了精通音乐的桓谭，光武帝就召桓谭到朝中当给事中。每次宴会，光武帝都要让桓谭弹琴，那繁杂多变的乐声，听得他如痴如醉。

宋弘听说后，很后悔推荐桓谭。一次，等桓谭从宫中出来，宋弘就让人把他叫到府里。他郑重其事地穿着官服端坐着，见了桓谭，也不叫他坐。桓谭莫名其妙，问："怎么啦？"

宋弘直截了当说道："我之所以推荐你，是想让你以忠诚正直来引导皇上，你却使皇上沉迷于那些没有教化作用的音乐，简直太过分了。你是自己改正呢，还是让我依法治你的罪？"桓谭连连磕头道歉，再三保证下次不敢了，才被放回去。

后来光武帝大会群臣，又让桓谭弹琴，桓谭刚想伸手去抚琴，看到宋弘端坐在那里，马上方寸大乱，将手缩了回来。光武帝很奇怪，问："这是怎么回事呀？"宋弘立刻从席位上起身，脱帽谢罪。光武帝得知事情原委，郑重地向宋弘道歉，并让桓谭换回衣服，不再让他担任给事中。

所以，见姐姐中意宋弘，光武帝很高兴，笑眯眯地对湖阳公主说："放心，我为你做主。"他派人去召宋弘，让湖阳公主坐在屏风后。

宋弘一到，光武帝就开门见山，问他："俗话说'地位高了换朋友，钱财多了换妻子'，这也是符合人之常情的吧？"

宋弘一听就明白光武帝的意思，不卑不亢地答道："我也听说：'贫贱之交不可忘，糟糠①之妻不下堂。'"

刘秀知道无法勉强，就冲着屏风后的湖阳公主说："哎呀，事情办不成了！"

这桩婚事没成，湖阳公主后来也一直没有再嫁。光武帝每当想到这件事，就很过意不去，从此对这个姐姐更加关照，总是有求必应。湖阳公主仗着自己的特殊身份，想怎么着就怎么着，甚至连她家的奴仆也在京城里横行无忌。

一天，湖阳公主的奴仆大白天当街杀了人，执法官吏不敢进公主府抓人，便报告给了洛阳令董宣。

董宣非常愤怒，但他知道公主府不能硬闯，便命人天天守在公主经常出入的夏门亭，盯公主府的动静。

过了一段时间，湖阳公主见没什么动静，以为风声过了，就带着那名奴仆坐车出门，结果刚到夏门亭，就被闻讯赶来的董宣拦住了车子。董宣一手拉住马的缰绳，一手拿宝剑在地上狠狠地划了一道，大声斥责湖阳公主包庇奴仆，喝令那奴仆下车。

湖阳公主愤然拒绝，怒骂董宣："小小洛阳令，竟敢拦本公主车驾，你活得不耐烦了！"

---

① 穷人用来充饥的酒渣、米糠等粗劣食物。借指共过患难的妻子。

董宣没有半点儿畏惧，上前几步将那名奴仆拖下车，当街杀了。

公主觉得受到莫大的侮辱，立即进宫找光武帝告状："那个洛阳令董宣，竟然以下犯上，光天化日之下滥杀无辜。"

光武帝一听，气得不行，立即召董宣进宫。董宣刚进殿，还没说话，光武帝就下令："用刑杖把他打死！"

好在董宣有备而来，平静地说道："陛下，能不能让我说几句话再死？"

光武帝怒气冲冲地说："你还有什么好说的？"

董宣先向光武帝磕了下头，然后不紧不慢说道："陛下您大才大德，所以能够复兴汉室，可是，您今天却允许公主纵容奴仆杀人，请问以后还怎么治理天下呢？我话说完了，不用他们动手，我自己死就是了！"

光武帝这才意识到董宣是秉公执法，可没等他发话，就见董宣一头往大柱子上撞去，顿时血流如注。

光武帝吓了一跳，忙喊道："快拽住他！"左右侍从急忙上前扶起董宣。

看着满脸是血的董宣，光武帝叹了口气，说道："董宣，你以下犯上，赶紧向公主磕头道歉。"他想给双方一个台阶下，把这件事了结了。

然而，董宣并不领情，大声说："我没有做错！为什么要道歉！我宁可被砍头，也不低头！"

光武帝看了看湖阳公主，见她气哼哼的，就叫侍从使劲将董宣的脑袋往下按。董宣两只手死死地撑着地面，梗着脖颈子，就是不肯低头。

光武帝哭笑不得，就对公主说："还是算了吧。"

公主一肚子的气没处撒，就哭闹起来："文叔，从前你只是个普通百姓时，我们家里也藏过犯了死罪的逃犯，可是官兵并不敢上门来找；现在你当了皇帝，反倒对付不了一个小小的洛阳令吗？"

光武帝赔笑着说："就是因为我当了皇帝，才不能这么干呀！"他转头对董宣说："你这个强项令，赶紧出去吧！"

"强项令"，就是硬脖子县令的意思。光武帝很佩服董宣，就赏了他三十万钱，董宣把钱全分给了手下官吏。

这件事传出后，整个京城都震动了，从此，那些喜欢仗势欺人的贵族豪强，都小心翼翼，生怕犯在董宣的手里。

当时，洛阳城里执法如山的官吏，除了洛阳令董宣外，还有一个叫郅恽的看门官。

有一次，光武帝到郊外打猎，他在山林中不停地追逐猎物，不知不觉忘了时间，等他的车驾回到洛阳上东门①时，已是深夜，城门早就关上了。侍从举着火把，边拍门边喊："皇上打猎回来了，快开门！"

看守城门的人对着门缝，一字一顿地说："朝廷立下规矩，入夜就要关城门。不能开！"

侍从还挺有耐心，解释说："是皇上的车驾。"

"谁也不能坏了这个规矩！再说，我怎么知道你不是歹徒。"守门人慢悠悠地说。

侍从一下就火了，骂道："竟敢阻拦圣驾，不要命了！报上你的名字！"

门缝里飘出来两个字："郅恽。"

光武帝在脑中迅速搜索了一下，郅恽这个名字从没听说过，就对侍从说："他不知道我的身份，不开门也是对的。那你对他说，让

---

① 洛阳城东边的一个城门。汉朝叫上东门，魏、晋改为建春门。

他从门缝里用火照一下我的脸，看清我是谁。"

结果还是遭到郅恽的拒绝，他从门缝往外喊道："天太黑，火光照不了那么远，我看不清。这个门还是不能开。"

一向宽厚的光武帝也有点儿生气了，可是一点儿办法也没有，只好让车队绕道从东中门进城。

第二天一早，光武帝还想着昨晚那个犟脾气的郅恽，侍从就送来他的谏书。光武帝心想："哟嗬，你昨晚拒绝开城门，我还没治你的罪，你倒不依不饶了。我倒要看看你说些什么！"

郅恽在谏书上说："从前周文王不敢玩乐游猎，时时刻刻想着百姓。可是皇上您夜以继昼地跑到郊外的山林中打猎，这样下去，国家大事怎么办？"

光武帝感到很惭愧，又有点儿感动，就赏了郅恽一百匹布。后来，光武帝发现他不仅执法严明，忧心天下，还是一个相当有学问的人，觉得派他看守城门太屈才，就让他给皇太子刘彊当老师。

夜 以 继 昼

以，拿；继，继续；昼，白天。用夜晚的时间接上白天。形容日夜不停地做某事。也作"夜以继日"。

造　句：医生们夜以继昼地奋战在抗击	
"新冠肺炎"的第一线。	
近义词：通宵达旦、焚膏继晷（guǐ）	
反义词：饱食终日、无所事事	

---

① 这个故事的原文里还有成语"贫贱之知不可忘，糟糠之妻不下堂"（贫贱之知，贫困时的知心朋友；糟糠，穷人用来充饥的酒渣、米糠等粗劣食物，借指共患难的妻子。富贵时不要忘记贫贱时的朋友，不要抛弃共患难的妻子）。

〖 为善最乐 〗

《资治通鉴·汉纪三十七》

帝临送归宫，凄然怀思，乃遣使手诏赐东平国中傅曰："辞别之后，独坐不乐，因就车归，伏轼而吟，瞻望永怀，实劳我心。诵及采菽（shū），以增叹息。日者问东平王：'处家何等最乐？'王言：'为善最乐。'其言甚大，副是要腹矣。"

译 文

明帝亲自送行，回到皇宫后，他凄然思念，便亲笔写诏给东平国中傅，上面说："自从分别之后，我孤身独坐，心中郁郁不乐，便乘车返回。俯身车前横木而低吟，东平王已经远去，朕只能长久地怀念，真让我心神劳苦。诵读《诗经·采菽》这一章，又平添几声叹息。日前我曾问东平王：'居家做什么事最快乐？'东平王说：'做善事最快乐。'这句话口气甚大，正与他的腰围肚量相称。"

最强"皇二代"

光武帝刘秀还没起兵时，经常去新野贩卖粮食。他听说当地有一个叫阴丽华的富家女子，不仅美丽动人，还知书达理，就对她产生了倾慕之情。但光武帝当时只是一个普通百姓，只好将这份感情深藏心间。后来有一次，他去长安，看见执金吾（yù）①的车骑队伍威风凛凛，十分壮观，便想起新野的阴丽华，感叹道："当官要做执金吾，娶妻当娶阴丽华。"

几年后，光武帝在昆阳大战中声名鹊起，成为人们口中的青年才俊，也引起了阴氏家族的关注，同意将阴丽华嫁给他。光武帝终于实现了当年的梦想，婚后夫妻俩感情深厚。可惜没过多久，光武帝就被派去平定河北。

到河北后，由于势单力薄，光武帝的处境非常艰难。为了得到手握重兵的真定王刘扬的支持，他只好答应娶其外甥女郭氏。从那以后，光武帝就对阴丽华心怀歉疚。

东汉政权建立后，光武帝想弥补阴丽华，立她为皇后。阴丽华觉得天下还没有平定，丈夫仍需真定王的大力支持，而且郭氏已经生下长子刘彊，她却还没生育，所以再三推辞说："我才德不够，不能当皇后。"

光武帝只好立郭氏为皇后，并立刘彊为皇太子。但面对不争不

---

① 职掌京师治安，督捕盗贼，负责宫廷之外、京城之内的警卫，戒备非常水火之事，管理中央武库，皇帝出行则掌护卫及仪仗队。

抢的结发妻子，他的内疚之情更深了。

天下统一后，光武帝终于没有了顾忌，就废了郭皇后，立阴丽华为皇后。皇太子刘彊因此心不自安，辞去皇太子之位，受封为东海王。建武十九年（公元 43 年），光武帝改立阴皇后所生的儿子刘阳为皇太子，并更名为刘庄。

刘庄天资聪颖，极有主见。有一年，光武帝发现各地上报的耕地面积跟实际不符，就命令各州郡进行核查。很多官员投机取巧，把农民的房屋也丈量进去，对豪强和权贵则优待庇护。

一天，光武帝审阅各州郡呈上来的简牍时，发现陈留郡的那份边沿上模模糊糊有一些字，仔细一看，写的是"颍川、弘农①可以问，河南、南阳不可问"，就觉得奇怪，问陈留郡的官员怎么回事。

那名官员支支吾吾："这……是在街上捡到的。"

光武帝大怒，正要发作，一直站在他身旁的刘庄突然说："陛下，儿臣认为，这是郡里的官员在教陈留的官员怎么核查土地。"

"那为什么河南、南阳不可以问呢？"光武帝又问。

刘庄从容说道："河南是京城所在地，有很多陛下亲近的臣子，而南阳是陛下的故乡，很多皇亲国戚都居住在那里。他们的田地即使超过规定的标准，也不能认真核查。"

光武帝于是让人盘问陈留的官员，果然和刘庄说的一模一样。当时刘庄才十二岁。光武帝见他如此聪慧，便想好好栽培他，让他跟在自己身边学习怎么处理政务，还请来经学大师桓荣教导他。

刘庄果然没有辜负光武帝的期望，他敏而好学，处理政务有模有样。光武帝感到很欣慰，先封他为东海王，后来又立他为皇太子。

---

① 治所在今河南灵宝市北。取弘大农桑之意。

中元二年（公元 57 年），光武帝驾崩。皇太子刘庄正式登基，成为东汉第二位皇帝——汉明帝。

明帝自小就非常崇敬光武帝，一心想像他那样好好治理国家。可是，国丧刚开始，他就遇到棘手的问题。由于王莽篡位以来，旧的典章制度遭到毁坏，各亲王及大臣们前来奔丧时，丧礼上一片混乱。明帝的几位兄弟与他并肩坐在一起，说话态度也轻浮随意，一点儿也不把他这个新皇帝放在眼里。

明帝经过光武帝十几年的耳提面命，学习了那么多治臣之道，自然知道该怎么处理。他表面上不动声色，却命令秉性刚直、执法如山的太尉赵熹主持丧事。

赵熹拿着宝剑来到殿阶上，严肃地对亲王们说："君臣有别，请各位王爷慢慢走下殿阶，站到这边来。"说完，他伸手引向大臣们的队伍。

山阳王刘荆本来就对明帝以光武帝第四子的身份当上皇帝不服气，现在见赵熹竟敢吩咐王爷，感到更加愤恨，想趁机闹一闹。旁边的东海王刘彊却看了看赵熹的佩剑，轻轻地扯了扯刘荆的衣襟，刘荆这才勉强与诸王一起站到大臣们的队列中。

当时封国的官员进出宫殿与京城的官员没有区别，赵熹就命人把这些官员护送到京城周边各县，藩王则回到各自在京城的府邸，并规定只有早晚才能够入宫觐见，同时加强宫殿内外的守卫。这样一来，这些藩王都老实了。

丧礼过后，明帝又面临着如何对待功臣老将的问题。光武帝文武双全，威望很高，驾驭朝中老臣绰绰有余，所以用"柔道"施政，对大臣都比较宽容。可明帝不一样，他年轻，没有立下军功，在大臣中并没有威信。所以，明帝采取了一种与光武帝相反的做法，不论对三公九卿还是身边的下级官员，都监督很严，每当他们有过错，就当面训斥，甚至责打。

有一次，郎官药崧（sōng）犯了一个小过错，明帝当即恼了，等不及传唤武士，操起板子就往药崧身上抽去。药崧吓得魂飞魄散，拔腿就跑，明帝也不含糊，拎着板子追了上去。药崧急了，一骨碌钻到床底下。明帝更加生气了，厉声喝道："你给我出来！"药崧哪敢出来，趴在里边委屈地说："古代先贤曾说，天子肃穆，诸侯庄重。哪有皇上动手打郎官的道理？"明帝这才缓缓说道："出来吧，赦你无罪。"

满朝文武听说郎官挨打，无不心惊胆战，小心谨慎地做事。

明帝不仅对文武百官苛严，对皇亲国戚也严加约束。当皇帝两年多后，明帝因为怀念跟着光武帝一起打江山的功臣，就命画师为邓禹、耿弇等二十八名将领画了像，悬挂在洛阳南宫的云台阁，但战功赫赫的马援却不在里面，只因为他是皇后马氏的父亲。

有一次，明帝的妹妹馆陶长公主想为儿子求一个官，就哭哭啼啼地对明帝说："皇上，我的要求也不高，您只要封他做一个小小的郎官就行。"

明帝坚决拒绝，并说："如果朕今天开了这个头，恐怕以后歪风邪气就很难禁止了。这样吧，赐给他一千万钱，封官的事就算了。"

当时，京城中最受宠的人是大司空窦融，他既是功臣，又是外戚，受到的封赏不计其数。他因为年纪大了，不怎么管事，子孙中就出了不少骄纵之徒，长子窦穆尤其狂妄。为了与刘氏皇族攀亲，窦穆竟然假传明帝的母亲阴太后的旨意，让六安侯刘盱休掉原配妻子，娶自己的女儿为妻。明帝大怒，就免了窦穆的官职，并把除窦融之外窦家所有的亲属都赶出了京城。几年后，窦穆再次犯事，明帝就将他连同他的两个儿子窦勋、窦宣全都处死。

无论是否皇亲国戚，无论官职高低，无论有功无功，明帝一律严格约束，但对他的同母弟弟、东平王刘苍却十分宠爱。

刘苍博学多才，长相俊美，从小就和明帝好得跟一个人似的。按照当时的制度，亲王长大后就要回自己的封国。可是，明帝即位后，不仅让刘苍留在京城，还让他当骠骑将军，地位比三公还高。明帝每次外出巡视，都放手让刘苍管理京中事务。

难能可贵的是，刘苍虽然是藩王，却没有贵族子弟的骄纵习气，虽然手握大权，却从不滥用，看到明帝做得不对的地方，总是直言相谏。有一年春天，明帝出宫巡视，突然兴致大发，打算到河内郡打猎放松一下。刘苍听说后，连忙上书劝止。明帝看到奏书后，立即回宫。

由于辅政有方，刘苍的声望与日俱增，别人还没说什么，他自己倒不安起来，几年后便向明帝提出辞职，请求返回封国。明帝犹豫了很久才答应。

刘苍离开后，明帝非常想念他，经常写信问候。有一次，刘苍从封国入京觐见，明帝问他："你在家里做什么事最开心？"

刘苍答道："为善最乐。"

行善最乐，这话太对了，只有心胸宽广的人才说得出这样的话。明帝很受触动，弟弟刘苍能够这样，他这个做哥哥的也要多积德行善。于是，他想到有官员上奏说一些农民没地可种，便下令把国家的荒地、山林、河川租给他们从事生产，另外还借给他们种子、粮食和工具，规定三五年后，朝廷才收取"假税"。政令一出，既安置了没有土地的流民，也增加了国家的税收，那些没地的农民都很高兴。

不久，明帝又做了一件大善事——治理黄河。当时，黄河堤坝由于年久失修，河水泛滥，下游的农业生产经常遭到破坏，老百姓怨声载道。明帝听说后，非常忧心，就投入大量钱财，派水利专家带领几十万兵卒治理黄河。一年后，治水工程顺利结束，明帝亲自乘船验收，见黄河受新堤坝的约束，通流入海，十分欢喜，不断赞叹。自那以后，黄河中下游的农业生产得以恢复，黄河流域一直到东汉末年都没有发生重大水灾。

总体而言，明帝这个"皇二代"治国能力出色，他在位期间，吏治清明，境内安定，百姓安居乐业，出现了路不拾遗、夜不闭户的盛世光景。

为 善 最 乐

做善事是最快乐的事。

造　句：他本着为善最乐的宗旨，捐了

一万元支持灾区。

〖 仰屋窃叹 〗

《资治通鉴·汉纪三十七》

　　又公卿朝会，陛下问以得失，皆长跪言："旧制，大罪祸及九族；陛下大恩，裁止于身，天下幸甚！"及其归舍，口虽不言而仰屋窃叹，莫不知其多冤，无敢牾（wǔ）陛下言者。

译 文

　　还有，公卿上朝的时候，当陛下询问案情处理是否得当，他们全都长跪着回答："依照以往的制度，犯下大罪要诛灭九族，而陛下大恩，只处决当事人，天下人太幸运了！"而等他们回到家里，嘴里虽不说什么，却仰望着屋顶暗自叹息。没有人不知道这个案子多有冤枉，却不敢违背陛下的意思而直言劝谏。

一顿饭洗脱罪名

有一天晚上，汉明帝刘庄做了一个奇怪的梦。在梦中，他看到一位金人，身材高大，头顶笼罩着一层耀眼的光环，自己不由自主地朝金人走去。谁知，还没等他走近，金人就徐徐升上天空，驾着云彩往西方去了。明帝一惊，醒了。

第二天早朝时，明帝向大臣们说起这个梦，询问他们这是什么征兆。有位博学多识的大臣就说："听说西方有一位神仙，名叫佛，高一丈六尺，而且通身是金黄色的，会不会就是皇上您梦中的金人呢？"明帝听了觉得很吉利，便派了几位使者前往天竺（zhú）国了解佛教教义。

使者们经过千辛万苦，终于来到天竺，一番打听后，才知道佛教创始人叫释迦牟尼，本来是个王子，在宫中过着无忧无虑的生活。后来，王子到外面游历，一路上看到很多人被生、老、病、死折磨，就想找到一种帮助人们摆脱痛苦的方法。于是，他舍弃优渥的王室生活，开始苦修，多年以后终于得道成"佛"。之后，他不断向民众宣传自己证悟的道理，这些道理日积月累，就形成了"佛教"。佛教崇尚慈悲不杀生，认为人死后可以投胎转世，生前作恶或行善，都会报应到来世，认为物质是虚无的，只有精神永存，因此提倡人们修炼精神，直到成"佛"。

东汉使者虽然找到了佛教，但对佛教道义的理解并不深刻，所以邀请两名高僧随他们回中原弘扬佛法。于是，一行人用白马驮着四十二章佛经，返回了东汉。

明帝特意建了一座寺庙安置两位天竺高僧，因为那匹驮经书的白马的缘故，人们就称这座寺庙为白马寺。自此，佛教开始在中原传播。

自汉武帝以后，儒学一直是主流思想。所以，一开始佛教只是被人们当成谋求福报的一种方法，主要在皇族和达官贵人中传播。其中，楚王刘英是当时最知名的佛教徒。

刘英是光武帝刘秀与许美人的儿子。由于许美人不受宠，刘英在各位皇子中的地位最低，封国的土地最少，他为此郁郁不乐。好在刘英喜欢结交豪杰，府中养了不少宾客，等到年纪大一点儿了，又喜欢上黄帝与老子的学说，总算有所寄托。这一年，刘英听说洛阳来了两位天竺高僧，就向他们请教佛家的道义。打那以后，他就对佛教着了迷，还专门建立祠堂，把佛与老子放在一起供奉。

但是，崇信佛、道，并没有给刘英带来好运。永平七年（公元64年）十月，明帝颁下一条法令，允许各封国的死囚犯交纳钱财替自己赎罪。刘英也不知怎么想的，竟然带着三十匹绢去见封国的国相，说："我身在藩国，积累了很多过错与罪恶，幸而皇上开恩，所以我献上绢帛，以赎我的罪过。"

当时人都觉得刘英的行为莫名其妙，国相不敢隐瞒，就把这事上报朝廷。明帝虽然疑惑，却还是选择相信刘英，答复说："楚王那么信奉道家学说，又崇尚佛家的仁爱慈悲，怎么可能做让自己悔恨的事情？把他交上来的绢退回去，让他用来款待佛门弟子。"

刘英见明帝并不降罪，仿佛吃了一颗定心丸，开始大肆勾结方士、僧人，制作金龟、玉鹤等祥瑞，又与渔阳人王平、颜忠等编造符谶之书，蓄谋造反。当地有个叫燕广的人发现后，就上报了朝廷。

明帝联想到上次刘英无缘无故交绢赎罪，认为其中有阴谋，就命有关部门调查。查了几个月后，主管官员顺着明帝的心思说："刘英大逆不道，应当处死。"不过明帝顾念手足之情，不忍杀刘英，只是废去他的王位，将他迁到丹阳居住。刘英感到十分羞愤，一到丹阳就自杀了。

刘英虽然死了，可是这件谋反案远没结束。明帝越想越怀疑这个案子背后有大阴谋，就下令严查刘英的同党。这一查就是好几年。各级官员都迎合明帝，对涉案的人员严刑逼供，这些人经不住拷打，纷纷招供。他们的供词互相牵连，从京城的皇亲国戚，到各封国的诸侯王、州郡豪杰，甚至审案官吏，被处死、流放的数以千计。

不仅如此，刘英死前留下一份天下名士的名单，明帝就根据名单，一个个逮到京城审问。吴郡太守尹兴及其属官五百多人因此被关进监狱。审讯时，尹兴的属官们经不住严刑拷打，一半人死去，剩下的大多数都招了，只有门下掾（yuàn）①陆续等人，虽受尽种种酷刑，被打得皮开肉绽，但怎么也不肯招供。

陆续被捕后，他的母亲急坏了，从老家吴郡来到洛阳，做了可口的饭菜，托人送给儿子。陆续一看到这些饭菜，就痛哭流涕。

审案官很奇怪，问："我看你平时像条硬汉，怎么一顿饭就让你哭哭啼啼？"

陆续抹了抹眼泪，说："我母亲来了，可是我们无法相见，所以难过。"

审案官脸色一变，问："你怎么知道她来了？是不是狱吏中有你的同谋？"

陆续怕牵连别人，连忙否定，说："我母亲切肉总是方方正正，切葱也总是一寸长短。我见到这些饭菜，就知道是她来了。"

---

① 多泛指州郡府属吏中较亲近者，如功曹、主簿等。

陆续的话让审案官陷入沉思：孔子曾经说过，"割不正不食"，这既是儒家的一种饮食主张，也是古代礼法的一部分。陆母做饭尚且讲究合乎礼法，教育儿子自不必多说，有这样的母亲教导，照理儿子不会干出谋逆之事。于是，审案官将情况上报，明帝也很感动，便赦免了尹兴、陆续等人。

刘英的同谋颜忠、王平的供词则牵连到开国功臣耿弇、邓禹的后人耿建、邓鲤。他们都大声喊冤："我们都不认识颜忠、王平，怎么可能与他们合谋？"

侍御史寒（jiàn）朗很了解耿建等人，觉得他们家世清白，为人正直忠厚，不可能干出这种事，便单独提审颜忠和王平，问："既然你们和耿建合谋，你们倒是说说他长什么样？"

颜、王二人傻眼了，半天说不出话来。

寒朗心里有数了，便向明帝上书："耿建等人没有罪，是被颜忠、王平诬陷的。我怀疑很多人也是冤枉的。"

明帝不高兴，召来寒朗，当面质问："颜、王二人为什么要诬陷他们？"

寒朗回答："颜忠、王平知道犯了逆天大罪，所以故意牵连许多人，企图替自己开脱。"

明帝逼问："那你为什么不早点儿报告？"

寒朗回答："我当时考虑到也许有其他人真的能揭发出耿建等人的奸谋。"

明帝气冲冲地说："正也是你在说，反也是你在说，你就是一个大滑头！"命人把寒朗拉下去责打。

侍卫刚要拉走寒朗，寒朗却高声喊道："皇上，我想说一句话再死。"

明帝冷冷地问："朕先问你一句话，这份奏章是你和谁一起写的？"

寒朗说："我一个人写的。"

明帝更加不满，大声呵斥："这么大的事，为什么不和三府①商议？"

寒朗毫无惧色，说："这件事会招来灭族之罪，我不想连累他人。"

明帝怒道："你倒说说看，为什么会有灭族之罪？"

寒朗略加思索，说道："这个案子已经审了一年，到现在我仍不能彻底查清，反而为犯人申冤，所以逃不过灭族之罪。可是，我之所以冒死上奏，实在是盼望陛下能因此觉悟。过去一年来，我听到很多审案官员说：当臣子的对犯了谋逆大罪的人应该同仇敌忾，现在判人无罪不如判人有罪，将来大家还可以免受追究。因此，他们审讯一人便牵连十人，审讯十人便牵连百人。另外，公卿上朝的时候，当陛下询问案情处理是否得当，他们全都回答说：'依照以往制度，犯下大罪要诛杀九族，陛下大恩，只处决几个当事人，天下人太幸运了！'可是等他们回到家里，嘴里虽然不敢说什么，却日夜仰屋窃叹。天下人都知道这个案子里有太多受冤枉的人，但大家不敢忤逆陛下的意思，说出实情。我实在看不下去了，所以才冒死说出这番话，但是臣死而不悔！"

明帝听完，怒气顿消，放了寒朗。两天后，他亲自到洛阳监狱审讯囚犯，发现大多数人的确是受了冤枉，于是当场释放了一千多人。

当时正遇上大旱，囚犯被释放后，天立刻下起了大雨。回到宫中，明帝一向敬重的马皇后也趁机进言，说楚王之案滥捕滥杀的情

① 指太尉府、司徒府、司空府。

况严重。明帝有所醒悟，从此对牵扯进这个案子的犯人多加宽赦。

不久，任城县令袁安被提拔为楚郡太守。袁安早就听说楚王一案问题多多，所以一到楚郡，他就着手处理这个案子，一旦查出缺少确凿证据的犯人，就登记上报并准备释放。郡府的大小官员全都吓坏了，认为袁安这么干会惹祸上身。

袁安却淡淡地说："如果朝廷怪罪下来，我一个人承担，不会牵连你们的。"他坚持奏报。这时，明帝已经彻底醒悟过来，便批准了袁安的奏书，四百多户人家因此获得释放。

至此，这场牵连上千人的惊天大案才尘埃落定。

仰 屋 窃 叹

窃，私自。仰望屋顶，私下叹息。形容处于困境，无可奈何。

造　句：对于这件悲惨的事，他只能仰	
屋窃叹。	
近义词：仰屋兴叹	

〖 不入虎穴，不得虎子 〗

《资治通鉴·汉纪三十七》

官属皆曰："今在危亡之地，死生从司马！"
超曰："不入虎穴，不得虎子。当今之计，独有
因夜以火攻虏，使彼不知我多少，必大震怖，可
殄（tiǎn）尽也。灭此虏，则鄯（shàn）善破胆，
功成事立矣。"

译 文

班超的部下一致回答："如今处在危亡之地，我
们跟随司马同生共死！"班超说："不进老虎洞，就
不能捉到小老虎。如今可行的办法，只有乘夜用火
进攻匈奴人，对方不知道我们有多少人马，必定大
为惊恐，这样便可将他们一网打尽。只要除掉匈奴
使者，鄯善人就会胆战心惊，我们便成功了。"

班超出使西域

汉明帝永平六年（公元63年），京城洛阳的一座官邸里，几位抄书员正在奋笔疾书。其中一位衣着简朴、面容清瘦，他看了看案几上的一沓沓待抄文书，感到万分疲倦，郁结多时的情绪突然爆发："大丈夫就应该像傅介子①、张骞那样在异域建功立业，封侯晋爵，怎么能一直干这种抄抄写写的活儿呢？"

几位抄书员都嘲笑他："班超，快别说这些不着边的话了，还是赶快抄完这些文书，领了工钱回家买米吧！"

班超叹道："唉，你们这些凡夫俗子又怎能理解仁人志士的襟怀呢？"说完，将手中的笔狠狠地扔到地上，在众人的笑声中扬长而去。

班超是史学家班彪的小儿子。班彪当年投奔窦融，劝其归顺光武帝刘秀。光武帝听说班彪很有才华，就让他编写史书。可还没写完，班彪就去世了，留下班固、班超、班昭这几个孩子。受家庭的影响，班家几个孩子都博览群书，才华过人。

班彪去世后，班固被召入京城任校书郎②，挣的钱不多，日子过得相当拮据。为了贴补家用，班超就去谋了一个替官府抄写文书的差事，可日复一日的抄书工作让他觉得空有抱负。所以，那天丢下

---

① 西汉著名外交家。汉昭帝时，楼兰、龟兹曾联合匈奴，杀死汉朝使者。傅介子奉诏前去责问，两国王都表示服罪。后来，两国多次反复，傅介子又奉命以赏赐为名，携黄金锦绣出使楼兰，杀死楼兰王。因功被封为义阳侯。
② 负责校订书籍中的错误。

笔后，他心里一直不能平静，就找了一位看相先生帮他看相。

看相先生说："别看你现在普普通通，将来你定能万里封侯。"

班超将信将疑，问："你怎么知道？"

看相先生笑了笑，说："老兄，你额头如燕，颈脖似虎，这就是万里侯的相貌啊。"

班超知道自己长得五大三粗，平时总觉得是个缺点，现在听看相先生这么一说，顿时信心大增。他想，当抄书员肯定没办法封侯爵，要是投身军旅，立下战功，倒是有可能。于是，班超弃文从武，投身军营。

十年之后，机会终于降临到四十岁的班超身上。

东汉开国以后，光武帝迫于国力原因，不得不对匈奴的侵扰采取守势，并放弃了西汉时期的国土西域。汉明帝刘庄即位后，经过多年的治理，国力渐增，他就想效仿汉武帝的做法，恢复与西域各国的联系，西击北匈奴。

永平十六年（公元73年），明帝派兵分四路出击北匈奴，其中窦融的侄子窦固率领一万两千骑兵出酒泉塞，在天山大破北匈奴，夺取了伊吾卢① 地区，并留下将士开荒屯垦。在这个过程中，已经投笔从戎的班超崭露头角，受到窦固的赏识。

窦固让班超当假司马②，让他与从事郭恂一起带着三十六名士卒出使西域，招降西域诸国。班超接到命令后，与众将士风尘仆仆，先到了鄯善国。

听说东汉使者前来，鄯善王广老远就派人前来迎接，杀牛宰羊，载歌载舞，用最尊贵的礼仪接待他们。一连几天，都是如此。然而几天之后，广的态度突然冷淡了。

① 今新疆哈密市及周边地区。
② 又称军假司马，为司马之副，在正式任命为司马前代理试用期间称假司马。

班超马上把自己的属官找去商议，对他们说："你们注意到了吗？这两天广对我们不热情了，估计有特别的事情发生。"

有人不以为然，随口说道："胡人行事一向没有常性，您不必担忧。"

班超却直摇头说："不对，汉使到达的消息早已传开了，北匈奴一定也派了使者前来争取鄯善。广之所以改变态度，是因为他心里犹豫，不知道该选择哪一边。机敏的人能够在事情发生前看出端倪，何况现在事情已经这么明显了！"

于是，班超把广身边的一名侍从叫来喝酒，故意漫不经心地问道："匈奴使者来了几天？现在在什么地方？"

那名侍从以为班超已经知道了，慌忙答道："他们三天前来的，在离这儿三十里的地方驻扎。"

班超脸色一沉，命人把这名侍从关起来，然后让人备好酒菜，把三十六名士卒全部召集过来，像前几日那样开怀畅饮。

等到大家喝得忘乎所以时，班超突然拍案而起，将事情的原委一一道出，并说："我们三十几人在绝远的荒域，一切只能靠自己。如今匈奴使者才来三天，鄯善王就开始冷落我们。如果匈奴的使者命令鄯善把我们抓起来，那我们的脑袋就要搬家了。我们应该怎么办？"

士卒们借着酒劲儿大声喊道："我们和司马生死与共！"

班超等的就是这句话，他慨然道："我们必须先除掉匈奴的使者，鄯善人才会死心塌地归顺我汉朝。兵法上说，不入虎穴，不得虎子。要除掉匈奴使者，只有乘夜火攻，对方毫无防范，又不知道我们的虚实，一定会惊惧溃散，我们趁乱将他们一举歼灭。"

一名士卒问："这么大的事，要不要把郭从事叫过来一起商量？"

班超怒道："是生是死，全在今日。郭从事不过是个平庸的文官，知道我们的计划肯定会害怕，他一旦泄露，我们就只有死路一条了。"

众士卒叫道:"好!我们全听司马的!"

当天晚上,北风呼啸不止,班超带着这三十六人神不知鬼不觉地离开驻地,向北匈奴使者的营地疾驰而去。抵达后,按照班超的部署,几名士卒顺着风势一齐点火烧营。火光一起,十名士卒就擂鼓呐喊,而班超带着余下的士卒手持刀剑弓弩,埋伏在营帐两侧。

睡梦中的北匈奴人被雷鸣般的鼓声、喊杀声惊醒,见帐外火光冲天,不由得惊慌失措,争相往帐篷外逃。等候在帐外的班超率先杀死三人,其他士卒斩杀三十几人,剩下约一百人全部被火烧死。

第二天早晨,北匈奴使者被灭的消息传开,鄯善举国震惊。班超叫来鄯善王广,给他看匈奴使者的首级,并说:"从今以后,你不要再同匈奴来往。"

广早就吓得心惊肉跳,这时更是叩头如捣蒜:"我愿臣属汉朝,绝无二心。"为表诚意,广还将王子送到汉朝充当人质。

班超回来后,向窦固汇报了出使经过,窦固非常高兴,将班超的功劳一一向朝廷上报,并请明帝再派使者出使西域。

明帝很欣赏班超的勇气和韬略,便对窦固说:"有班超这样的使臣,为什么不派他,而要另选别人呢?可以提拔班超担任军司马,让他继续完成出使任务。"

窦固觉得班超手下的人太少,想再给他拨些人马,班超却说:"我只要原来那三十几号人就行,一旦有什么事情发生,人多反而是个累赘。"

于是,班超带着原班人马再次向西域进发。他们首先来到于阗。此时于阗王广德刚刚攻破莎车国[①],在天山南道称雄,但仍受到

① 都城在今新疆莎车。

北匈奴的监护。所以，班超一行到达于阗后，于阗王对他们的态度不冷不热。

当时于阗盛行巫术之风，巫师就对于阗王说："天神发怒了，你们为什么想归顺汉朝？汉使有一匹黑嘴黄毛的好马，你们赶快把它弄来给我祭祀天神！"

于阗王派宰相私来比向班超讨要那匹马，班超早已清楚事情原委，痛快地答应了，但提出要巫师自己来牵。

没过多久，巫师来了，班超二话不说，立即将他斩首，并把私来比痛打了几百皮鞭，然后拎着巫师的首级去见于阗王。

于阗王见到巫师的首级，一下子怂了，当即下令杀死北匈奴使者，重新归附汉廷。西域各国听说后，纷纷送王子到东汉做人质。西域与中原朝廷中断了六十五年的关系，至此才重新恢复。

第二年，班超带着三十六人又出发了，这次他们的目标是疏勒国。当时，北匈奴人扶立的龟兹（qiū cí）国王在天山北道横行霸

道，他派兵攻破疏勒国①，杀死疏勒王，另立自己的臣子兜题为疏勒国的新王。

班超一行从偏僻小路直抵疏勒国，在距离兜题居住的槃橐（tuó）城②九十里处扎营。

班超决定先派属官田虑去劝兜题投降。临行前，班超叮嘱田虑说："兜题不是疏勒族人，当地人一定不会为他效命。如果他不投降，你就立即把他抓起来。"

果然，兜题不投降，田虑便乘他不备，把他捆了起来。兜题的左右随从又慌又怕，全都逃跑了。

班超接到消息，立刻来到槃橐城，召集疏勒的文武官员，痛斥龟兹王的罪行，然后将前疏勒王的侄子立为新王。疏勒人民十分欢喜，奔走相告。

疏勒新王和众官员都要求杀死兜题，但班超却决定放了兜题，他说："杀了他，没什么意义，留他一条命，让龟兹王知道我们大汉朝的恩威。"

此后，班超长期驻守在西域，以卓越的外交能力和军事才能，先后征服了莎车、月氏、龟兹等国，扬威西域。

---

① 都城在今新疆喀什市一带。
② 槃橐，读音同"盘驼"，又叫艾斯克萨城，位于喀什市东南郊，是疏勒国的宫城。

不入虎穴，不得虎子

　　不进老虎洞，就不能捉到小老虎。比喻不担风险就不可能取得成果。也作"不入虎穴，焉得虎子"。

造　句：	俗话说，不入虎穴，不得虎子。要想了解敌人的情况，就要设法打入敌人的内部。
近义词：	亲临其境
反义词：	胆小如鼠

【 煮弩为粮 】

《资治通鉴·汉纪三十七》

　　焉耆（qí）、龟兹攻没都护陈睦，北匈奴围关宠于柳中城。会中国有大丧，救兵不至，车师复叛，与匈奴共攻耿恭。恭率厉士众御之，数月，食尽穷困，乃煮铠弩，食其筋革。恭与士卒推诚同死生，故皆无二心，而稍稍死亡，余数十人。

译　文

　　焉耆和龟兹两国进攻西域都护陈睦，陈睦全军覆没。北匈奴的军队则在柳中城包围了己校尉关宠。当时明帝刚去世，东汉举国服丧，没有派出救兵。于是车师国再度反叛，联合匈奴一起进攻耿恭。耿恭率领官兵顽强抵抗了几个月后，弹尽粮绝，便用水煮铠甲弓弩，吃上面的兽筋皮革。耿恭和士卒推诚相见，同生共死，所以众人团结一致，死守城池，但死的人日渐增多，只剩下数十人。

十三将士归玉门

"看，玉门关！"

"啊，终于到了。"

"天啊，我们回家了……"

一群疲惫的将士相互搀扶着，踉踉跄跄走到玉门关前。只见他们一个个衣衫褴褛，形销骨立，有的手中拿着刀，有的持着盾，还有的拖着长枪，嘴里喃喃地说着什么，眼睛里却闪烁着坚毅的目光。

三月的风透着刺骨的寒意，卷起漠漠黄沙，关外一片苍茫，只有脚下的沙砾中零星萌出的绿意，欢腾着一路扑向关内，昭示着春天的到来。这是汉章帝建初元年（公元76年），这十三名汉军将士历经千难万险，才被东汉朝廷从北匈奴重围下的疏勒城中拯救回来。

为首的戊校尉[①]耿恭仰头凝视着巍峨的玉门关，又转身望了望来时的长路，想到那些再也回不来的将士，堂堂七尺男儿不禁潸（shān）然泪下。

两年前，北匈奴又开始进犯汉朝边境，汉明帝刘庄派大将窦固、耿秉、刘张率领一万多人前去讨伐。在蒲类海[②]边打败白山[③]的北匈奴军队后，汉军将领在耿秉的带领下，继续向北挺进，平定了车

---

① 掌西域屯田事。
② 即今新疆巴里坤湖。
③ 即新疆天山。

师国①。

窦固十分高兴，因为车师国是打通西域、远征漠北的交通要道，而且，车师国一直甘当北匈奴的耳目，以前就经常截杀东汉的使者，平定车师国就相当于砍掉了北匈奴的一条胳膊。

窦固准备班师回朝，又担心大军走后北匈奴人前来报复，就向明帝上书建议重新设置西域都护，以及戊、己校尉。明帝便任命将军陈睦为西域都护；耿恭为戊校尉，驻守车师后国金蒲城②；关宠为己校尉，驻守车师前国柳中城③。三地各有一支数百人的军队，分兵牵制北匈奴。

果然，第二年春天，北匈奴人就带着两万骑兵向车师国杀来。

耿恭命令士兵据守城头，将对付骑兵的最佳武器强弩抬出，又命人在每支箭上都涂上毒药，等待战斗。

很快，北匈奴铁骑如黑云压城，团团围住金蒲城，他们在城下疯狂叫嚣，试图激怒耿恭，出城应战。

耿恭知道匈奴人一向敬畏神明，便挥了挥手中的箭，大喊："这是汉朝神箭，中箭者必然遭到神明的诅咒，你们就等着收尸吧！"

北匈奴兵根本不信，一窝蜂地往前冲。只听耿恭一声令下："放箭！"汉军将士齐拉弓弩，无数支离弦的毒箭射向北匈奴兵。跑在前面的北匈奴兵纷纷中箭倒下，后面的人见他们的伤口好像被沸水烫了一样皮开肉绽，无不大惊失色，对耿恭的话开始半信半疑。

恰在此时，狂风怒吼，黄沙飞舞，顷刻间大雨倾盆，马匹惊恐地嘶叫，北匈奴兵也吓得战栗不已。耿恭大喜："天助我也！将士们，痛快地杀一场啊！"他手一挥，带头杀下城去。北匈奴人见汉军

① 都城在今新疆吐鲁番市西北。分为前后王国，车师前王是车师后王的儿子，两个王国相距五百多里，中间隔着天山。
② 即金满城。在今新疆吉木萨尔北。
③ 在今新疆鄯善西南鲁克沁。

疯了一般冲杀过来，十分惊恐，互相说道："汉军有神灵相助，太可怕了！"于是撤兵了。

耿恭知道，匈奴这次撤退只是暂时的，很快他们就会卷土重来，接下来的战斗将更艰苦、更持久。他想了一夜，决定放弃孤立无援的金蒲城，撤到车师后国境内的疏勒城。疏勒城旁边有一条弯弯的溪流，水源充沛，且有助于防守。

但是，耿恭能想到的，北匈奴人也想到了，打了几次败仗后，他们也明白对付耿恭不能硬攻，只能智取。七月，休整好的北匈奴人再次反扑，他们将疏勒城围得水泄不通，还命人堵住溪流，切断疏勒城的水源。

几天后，城中的储备水用完了，耿恭急忙命人在城中挖井。可是，一口气挖到地下十五丈，仍然不出水。有些将士渴得不行，只好挤榨马粪汁来喝。

将士们一筹莫展，耿恭却坚信，地下一定有水，他说："大汉德政天下，我军怎么可能走投无路？继续挖。"说完亲自动起手来。

果然，没挖多久，泉水就喷涌而出。将士们激动万分，高呼"万岁"。耿恭命人盛了几桶水，说："去，泼给匈奴人看看。"

看到清澈的泉水从城头哗啦啦洒下，北匈奴人傻眼了，他们以为又有神灵在帮助汉军，就又撤走了。

这年十一月，寒风凛冽，大雪飘飞，疏勒城陷入酷寒之中，汉军将士都缺衣少粮，耿恭就派军吏范羌去敦煌接运过冬用的棉衣等物资。

北匈奴人见两次进攻都没能拿下耿恭，便分出一半人马前去攻打柳中城的汉军。己校尉关宠虽然拼死守城，却深陷北匈奴人的包围，柳中城危在旦夕。焉耆和龟兹两国更是趁火打劫，联合进攻西域都护陈睦。陈睦没坚持多久就全军覆没。

不久，更糟糕的消息传来，一向支持西征的汉明帝驾崩了，举国服丧，没顾得上西域的战事。车师国得知消息，再度背叛汉朝，投靠了北匈奴，并发兵协助北匈奴进攻疏勒城。

耿恭与众将士顽强抵抗，几个月后，城中粮食耗尽，将士们就把铠甲上的皮革取下来煮着吃，铠甲上的皮革吃完了，又将弓弩上的兽筋拆下来煮。耿恭与大家同生共死，相互鼓气。然而，饥饿与寒冷接连夺去将士们的生命。到最后，城中仅剩下几十人。

北匈奴单于见耿恭身处绝境，却毫不动摇，十分钦佩，便派使者到城下喊话："耿将军，我们单于敬你是一条汉子。如果你投降，我们单于就封你为白屋王，赠给你娇妻美妾。"

耿恭故作欣喜道："太好了！请使者上来详谈。"使者刚上城头，就被耿恭一刀斩杀。北匈奴单于大怒，下令强攻，却再次遭到汉军的顽强抵抗，只好退回营中，等待机会。

荒凉孤寂的疏勒城内，活着的人越来越少，耿恭与将士们在城中苦苦支撑，希望等来一线生机。

与此同时，远在千里之外的洛阳皇宫内，刚刚即位的汉章帝刘炟（dá）收到关宠的求救信后，正和文武大臣商讨是否出兵救援。

司空第五伦说："臣以为，不宜出兵。西域这个地方，土地贫瘠，物产稀少，这么多小国各自为政，就算归服我大汉，也不好管理，这种地方不要也罢。"

不少人附议说："是啊，西域太远了，远方失火，近水难救，只能听天由命了。"

这时，司徒鲍昱（yù）大声说道："你们怎么好意思说不救！我堂堂大汉朝，派臣子前往危险之地征战，发生了紧急情况，便将他们抛弃，这种做法是长敌人的志气，灭自己的威风。如果这次不救耿恭，以后边境太平无事还好说，如果匈奴再次侵犯，试问还有谁愿意站出来为国家效力？"

众人听了，你看看我，我看看你，都哑口无言了。

章帝便命令就近的酒泉太守段彭与谒者王蒙、皇甫援等人征发张掖、酒泉、敦煌三郡的人马以及鄯善国的军队，共七千多人，前去救援。

建初元年（公元 76 年）正月，段彭等人率领援军进击车师，北匈奴人望风而逃，车师再度投降东汉，柳中城解围了，但关宠已经去世。

站在柳中城下，望着茫茫的白山，段彭等人犹豫起来：白山海拔五千多米，白雪皑皑，如果翻山越岭去救耿恭，不知道有多少将士会冻死在半路。可是，如果放弃救援，想到在疏勒城苦苦等待的耿恭，又怎么忍心？

正当他们犹豫不决时，被耿恭派到敦煌接运过冬物资的范羌来到柳中城，他态度十分坚决："我一定要去救耿校尉！"

段彭便拨给他两千人马，让他去救人。范羌决定走白山的北侧，那儿虽然更向阳，但是有的路段积雪深达一丈多，他们花了很长时间才通过，到达疏勒城下时，已经精疲力竭。

这天深夜，刚结束一场小型战斗的疏勒城获得暂时的平静，耿恭清点了一下人数，只剩下二十六名将士，看来支撑不了多久了。

耿恭望着夜空中那几颗遥远而模糊的星星，不由得长叹一声。突然，城外传来一阵阵马的嘶鸣声，以及嘈杂的人声，他心中一紧，以为匈奴人又来攻城了，便迅速召集所有将士，慷慨激昂地说："我们只有拼死报国了！"众人一齐来到城头，准备最后的血战。

这时，一个熟悉的声音响彻夜空："我是范羌，皇上派我们来迎接校尉！"将士们一开始都不敢相信自己的耳朵，这些经历了九死一生都没有流泪的汉子，在下一刻突然抱头痛哭起来。他们太激动了，抢着打开城门，迎接援军。天一亮，众人就随救兵一起往回走。

北匈奴闻讯，连忙派兵追击。饥饿太久的将士们边战边退，沿途不断有人死亡。到达玉门关时，已经是三月了，从疏勒城出发时的二十六名兄弟，只剩下十三人。

成语学习 ①

煮弩为粮

弩，弓弩。煮弓弩作为粮食吃。形容断粮时的艰难困境。

造 句：匈奴围城太久，城里粮草奇
缺，汉军将士万般无奈，只能
煮弩为粮了。

---

① 这个故事的原文里还有成语"形容枯槁"（身体瘦弱，精神萎靡，面色枯黄）。

【 尊师贵道 】

《资治通鉴·汉纪三十九》

帝谓孔僖（xī）曰："今日之会，宁于卿宗有光荣乎？"对曰："臣闻明王圣主，莫不尊师贵道。今陛下亲屈万乘，辱临敝里，此乃崇礼先师，增辉圣德；至于光荣，非所敢承！"帝大笑曰："非圣者子孙焉有斯言乎！"

译 文

章帝问孔僖："今天的会见，对于你们家族来说是不是很光荣？"孔僖不卑不亢地回答："我听说，圣明的君王没有不尊重师道的。今天陛下以天子的身份屈驾光临我们卑微的乡里，这是崇敬先师，发扬君王的圣德。至于说荣耀嘛，我们可不敢当！"章帝大笑，说道："若不是圣人的子孙，怎能说出这样的话！"

孔僖写了份精彩辩词

刘炟是汉明帝刘庄的第五个儿子，生母是贾贵人，按理说没机会当皇帝，可是明帝的皇后马氏的一个决定，彻底改变了刘炟的命运。

马氏是名将马援的女儿，她性情恭顺，喜欢读书，明帝登基不久就封她为皇后。当上皇后的马氏更加严格要求自己，常常穿粗丝织成的衣服，也不加花纹修饰。嫔妃和公主们进宫请安，远看以为马皇后的衣服是特制的丝绸织成的，走近才发现布料粗糙，样式简单，都抿嘴笑了起来。马皇后却一点儿不介意，还说："这种绸料好染色。"

好几次，明帝用百官上书的难题测试马皇后的才学，她总能分析得头头是道，令明帝刮目相看。可是，她从不趁机干预政事，更不为娘家人谋私利。明帝因此对她既宠爱，又敬重。

不过，马皇后常常感到不安，因为她一直没有生儿子。明帝怜惜她，劝她抱养刘炟，还说："儿子不一定非得是自己亲生的，只要好好呵护、用心教育，就会比自己亲生的还贴心。"

马皇后从此全心全意地抚育刘炟，刘炟和马皇后感情很深，也因此得到明帝的宠爱，三岁就被立为皇太子。

在马皇后的悉心教导下，刘炟成为一个温和敦厚、爱好儒学的年轻人。明帝因病驾崩后，刘炟顺利登基，成为东汉第三位皇帝，即汉章帝。马皇后被尊为太后。

明帝注重刑名文法，为政苛察，裁决往往从重，官员办案时常常严刑拷打，因而产生不少冤假错案。尚书陈宠认为新旧政权交替时，应当温和执政，就向章帝上书："处理政事就像给琴瑟①上弦，如果大弦太紧，小弦就会崩断。陛下应当学习古代贤君治国的方法，废除那些苛刻的法令，减轻苦刑，全面推行德政！"

章帝虽然才十八岁，却很有想法，他希望采取与父亲不同的治国之道，陈宠的这道奏章简直说到他的心坎里去了，于是下诏说："朝廷要员应大力劝勉百姓从事农耕和桑蚕之业，除非犯有杀头的罪，一切案件都等到秋后审理。各部门任命官吏时要审慎，要选拔品性温良的人，摒弃贪婪奸猾的小人，以顺应天时节气，清理冤案。"从此确立了宽厚理政的原则。

为了减少百姓的负担，章帝推行了减轻徭役的政策。当年，为了运送漕粮，明帝想打通从都虑到羊肠仓的航道。可是这项工程十分艰巨，直到明帝驾崩都没有完成，章帝就派开国功臣邓禹的儿子邓训继续主持。

邓训经过实地考察，发现这项工程难度太大，就上报章帝："这条航道很难疏通，再这样下去，还会有很多人因服役而死。"

章帝怜悯百姓，便下令撤销这项工程，以后改用驴车运粮，几千名役夫得以活命，国家也因此每年节省下亿万开支。

除了对普通百姓仁厚，章帝对待读书人也相当的宽容。孔僖是孔子的后裔，他与涿郡②人崔骃（yīn）一起在太学读书。有一次，他们聊起史书上的人物，说到汉武帝，孔僖不禁大发感慨："孝武皇帝刚即位的时候，信仰圣人之道，最初那五六年确实干得相当出色，号称比文、景二帝做得还要好。很可惜，后来他放纵自己，抛弃了

----

① 指琴与瑟两种弦乐器。古代常合奏。
② 治所在今河北涿州市。

从前的善政。"

崔骃点头说:"是啊,史书上这种事情多着呢!"

有个叫梁郁的太学生听到他们的谈话,就上书控告他们:"崔骃、孔僖在背地里诽谤先帝,讽刺当朝。"有关部门就准备严查问罪。

崔骃胆子小,吓得半死,主动跑到官府自首。孔僖却不服气,上书替自己申辩。

他的奏书不长,分为两层意思,首先分析自己的行为是不是诽谤,他是这样说的:"所谓诽谤,是指无中生有。孝武皇帝政绩上的得失,汉史上写得明明白白、清清楚楚,我们私下的议论,只是在陈述史实,并不是诽谤。"

接着,他提出自己的主张:"身为皇帝,无论做好事还是坏事,天下人都看在眼里,史官都记录在书上,怎么能因此责备议论者呢?况且陛下即位以来,方方面面都打理得很好,天下人都看在眼里,我们有什么好讽刺的呢?再说,如果我们批评的是事实,那么陛下诚心改正就是,如若不妥,也应该包涵,为什么要问我们的罪!我们死就死了,只怕天下人将要通过这件事来窥测陛下的心思。从今以后,即使见到不对的事,也没有人愿意站出来说话了。"

章帝本来就不打算追究此事,见了孔僖这封大胆的奏书后,立即停止了调查,还任命孔僖为兰台令史①。大家都说,这次孔僖能够因祸得福,除了本身才华过人、写出精彩的辩词外,还因为遇到章帝这个好脾气的皇帝。

章帝的好脾气与他从小学习儒家经典密不可分。儒家提倡"仁

---

① 掌书奏及印工文书,兼校定宫廷藏书文字。

政"，认为无论人性善恶，都可以用道德去感化。所以，当上皇帝后，章帝自然就特别重视儒学的发展。当时，人们对儒家经典《诗经》《尚书》《礼记》《周易》《春秋》的解释五花八门。为了消除这些乱象，弘扬经书大义，章帝召集大夫、博士、郎官及儒生们在洛阳的白虎观开大会，讨论经学家们对"五经"的不同或相同解释，然后由章帝亲自做出裁决，结果由史学家班固整理成书，名为《白虎议奏》，作为官方版本流传后世。当时著名儒家学者丁鸿、楼望、成封、桓郁、班固、贾逵及广平王刘羡都参加了这个会议。

儒家文化还特别推崇"尊师重道"，章帝在尊敬老师方面还留下了一段佳话。

元和二年（公元 85 年）二月，章帝前往东方巡视，首先来到东郡①。东郡太守张酺（pú）在章帝还是太子时，曾经为他讲解过《尚书》。张酺听说皇上驾到，就带着郡县官吏和弟子前去迎接。章帝当着所有人的面，恭恭敬敬地向张酺行了一个弟子礼，又请他讲解《尚书》中的一篇内容，之后才改行君臣之礼。

一个月后，章帝又来到阙里②祭祀孔子及其七十二位弟子，并召见了孔家二十岁以上的男子六十二人。

章帝对身边的孔僖说："今天朕来到这里，你们家族是不是感到很荣耀啊？"

孔僖不卑不亢地答道："我听说，凡是圣明的君王，没有不尊师贵道的。今天陛下以天子的身份，光临我们卑微的乡里，这是崇敬先师，发扬君王的圣德。至于说荣耀，我们可不敢当！"

章帝大笑，说道："不是圣人的子孙，怎能说出这样有见识

---

① 当时治所在今山东莘县西南。
② 春秋时孔子故里。即今山东曲阜（fù）市城内阙里街。因有两石阙，故名。孔子曾在此讲学。后建孔庙，几占全城之半。

的话!"

　　章帝在位十三年,始终以仁孝治国,事事依从宽厚的原则,让百姓受到恩惠。他与明帝父子接力统治了三十二年,在这期间,东汉政治清明,人们安居乐业,后世称为"明章之治"。

成语学习①

尊 师 贵 道

尊，尊敬；贵，重视；道，道理。尊敬师长，重视应该遵循的道理。亦作"尊师重道"。

造　句：几千年来，尊师贵道是我们中华文化的优良传统。

---

① 这个故事的原文里还有成语"因公行私"（借公务谋取私利）。

〖 车水马龙 〗

《资治通鉴·汉纪三十八》

吾为天下母，而身服大练，食不求甘，左右但著帛布，无香薰之饰者，欲身率下也。以为外亲见之，当伤心自敕；但笑言"太后素好俭"。前过濯（zhuó）龙门上，见外家问起居者，车如流水，马如游龙，仓头衣绿褠（gōu），领袖正白，顾视御者，不及远矣。

译 文

我身为天下之母，一直穿粗丝织的衣服，饮食上只求粗茶淡饭，左右随从也只穿普通帛布，不使用薰香饰物，目的就是要做下面人的表率。本以为娘家人能体会我的良苦用心而自省，可他们只是笑着说"太后一向喜爱节俭"。前些天，我经过濯龙门时，看见那些到我娘家问候拜访的人，车辆如流水不断，马队似游龙蜿蜒，奴仆身穿绿色单衣，衣领衣袖雪白。再回头看看我的车夫，比他们差远了。

欺负公主的"臭老鼠"

汉章帝刘炟当了十三年皇帝，在文治、武功上都有很大的成就，称得上一代贤君，可是他也干了一件非常糟糕的事情，那就是违背光武帝刘秀的祖训，纵容外戚家族，为东汉的外戚专政埋下了祸根。

自开国以来，光武帝吸取王莽篡位的教训，对外戚打压得非常厉害，到明帝当政时，尤其苛严。明帝一生最宠爱的就是皇后马氏，可是她的三个兄弟马廖、马防和马光，一直到明帝死了，都没有得到升迁。章帝刚登基时，很想给舅舅们加官晋爵，以报答马太后的抚育之恩，可是马太后就是不同意。当时正好闹旱灾，一些官员就上书说是因为没有封外戚的缘故，于是有关部门请求依照旧制赐封。

深明大义的马太后坚决反对，特地下诏说："那些上书建议封外戚的人，都是想讨好我，以谋求好处罢了。从前，王莽家族一日之内有五人封侯，却没有出现天降好雨的迹象，反而黄雾弥漫。外戚权势过盛，没有不倾覆的。

"我身为天下之母，一直穿粗丝织的衣服，饮食上只求粗茶淡饭，左右随从也只穿普通帛布，不使用熏香饰物，目的就是要做下面人的表率。本以为娘家人能体会我的良苦用心而自省，可他们只是笑着说'太后一向喜爱节俭'。前些天，我经过濯龙门时，看见那些到我娘家问候拜访的人，车水马龙的，奴仆身穿绿色单衣，衣领衣袖雪白。再回头看看我的车夫，和他们比起来差远了。但是我并没有朝娘家人发怒，只是裁减他们每年的费用，希望他们可以悔改。可是他们依然如故，没有半点儿忧国忘家的觉悟。我怎么能辜负先帝的旨意，重蹈前朝外戚败亡的灾祸呢？"

章帝不甘心，再次请求道："自从汉朝建立，封舅父为侯，跟封皇子为王一样，是固定的制度。何况现在三位舅父年纪都大了，如果发生什么意外，恐将成为永远的遗憾，赐封的事宜早不宜迟。"

马太后再次拒绝，说："这件事情我反复思考过了，你还是打消这个念头吧！"

不仅如此，马太后还严令三辅地区："凡是马氏家族及其亲戚，如有因私人事务请托郡县官府，干扰地方行政的，应依法处置、上报。"马太后的母亲下葬时，坟的高度超过规定，马太后就提出反对意见，马廖等人马上把坟削低。在马家亲戚中，如果有品行端正的，马太后便对他们和颜悦色，依据他们的行为赏赐财物和官位。如果有人犯了哪怕一丁点儿小错误，马太后就狠狠地批评，命令他立即改正。对于那些衣着奢华、不遵守法纪的家人和亲戚，马太后干脆将他们从皇亲中除名，遣送回乡。在马太后的教导与影响下，不仅马氏家族，其他外戚家族也收敛不少。

可是过了几年，章帝还是找了个理由给三位舅舅封了侯。马太后很无奈，叹道："我虽已年老，却总是告诫自己不要贪得无厌。因此我常常劝导我的兄弟，共守此志，将来才可以死而无憾。现在看来，这个志向无法再坚守了，真让人含恨九泉啊。"

没过多久，马太后就去世了。没了马太后的管束，加上有章帝这个大靠山，马家子弟迅速放飞自我，为所欲为。他们家中拥有数不清的财产，却还对羌人、胡人征收租税，大肆购买京城附近的土地，建造宅第台观，使房屋连绵相接，占满整个街巷。除了成千的奴婢，他们还豢养了大量的门客，进进出出排场很大。

由于马氏兄弟实在太招摇，连一向好说话的章帝也看不下去，几次下令要他们收敛一点儿，马家的权势才稍稍减弱，不少门客逐渐离开。马廖的儿子马豫骄横惯了，没当回事儿，还发了一通牢骚。有关部门知道后，立即弹劾他们，要求将他们免官。章帝也想抑制一下外戚的势力，就让舅舅们带着家人返回封国。后来，马豫在审讯中被打死，马家的势力就衰落了。

但是，另一家外戚势力很快又起来了，那就是窦皇后的家族。

窦皇后是已故大司空窦融的曾孙女，长相艳丽，极有心机。马太后一死，后宫就成了窦皇后的天下，她做的第一件事就是排斥宋贵人姐妹。

这俩姐妹是马太后为章帝选的嫔妃，章帝对她们非常宠爱，还将大贵人生的儿子刘庆封为皇太子。因此，姐妹俩一直被窦皇后视为眼中钉。

窦皇后也不知道施了什么法子，让章帝冷落了宋贵人姐妹，专宠她一人。遗憾的是，窦皇后虽然宠极一时，却一直没能生下儿子。为了巩固地位，她强行将一梁姓贵人生的儿子刘肇（zhào）过继到自己名下，并对外封锁了这一消息。

后来，窦皇后设计害死宋贵人姐妹，撺掇章帝将刘庆废为清河王，改立刘肇为皇太子。梁贵人的家人得到消息，高兴坏了，私下偷偷庆贺。窦皇后很恼火，就叫人写匿名信诬陷梁家人谋反。于是，梁家人死的死，流放的流放，梁贵人也因此抑郁而死。

窦皇后的地位稳固后，在明帝朝倍受打压的窦家因此东山再起。窦皇后的哥哥窦宪、弟弟窦笃都在朝中担任重要的职位，喜好结交士人。司空第五伦对此很担忧，劝章帝对窦家子弟严加约束，以防患于未然。章帝虽然觉得他说得对，却没有听从。

有窦皇后撑腰，窦宪到处横行不法，就连亲王、公主、阴家、马家等皇亲国戚，都怕他三分。

有一次，窦宪看到一座庄园，见里面绿林滴翠，沟壑起伏，美不胜收，心里喜欢得不得了，大大咧咧地说："这座园子我要了。"

左右为难地说："这园子叫沁园，是当年先帝送给沁水公主①的陪嫁，恐怕公主不会答应……"

窦宪把眼一瞪，说："哼，我买还不行吗！"他跑到沁水公主家里，强行要以低价买下沁园。公主心里虽然一万个不愿意，却因为害怕窦宪，只好答应。

不久，章帝经过沁园，依稀记得这是当初父亲赐给沁水公主的，但又不是太肯定，就随口问了句："这是谁家的园子？"

当时窦宪就站在章帝身边，急得直冒汗，忙向左右使眼色，让他们不要照实说。

章帝见窦宪神情紧张，几名随从也支支吾吾，就起了疑心。回宫后，他暗中派人调查，这才得知真相，气得浑身发抖，当即将窦宪召进宫，骂道："上次经过你从公主手中抢来的园子时，你欺骗朕的手段比赵高指鹿为马更恶劣！先帝在位时，皇亲贵戚中没有人敢触犯法律。现在，连尊贵的公主都受到你的欺压，何况那些普通的老百姓呢！你小子给我听着，国家要抛弃你，就像丢掉一只腐烂的臭老鼠，绝不手软！"

窦宪见一向温和的章帝大发雷霆，非常恐惧，伏在地上不住地叩头。窦皇后也吓坏了，脱掉皇后的服饰，哭着跪在章帝面前为窦宪求情。

章帝见窦皇后一副楚楚可怜的样子，心又软了，气消后就对窦

---

① 即汉明帝刘庄的第五个女儿刘致。

宪说："将园子还给公主，好好向她赔礼道歉！"

这次章帝虽然没有治窦宪的罪，却不再重用他。可是，窦宪不仅不反思改过，还觉得有了皇后这个靠山，自己再怎么胡作非为，皇帝都不会拿他怎么样。

成语学习 ①

车 水 马 龙

车像流水，马像游龙。形容来往车马很多，连续不断的热闹情景。

造　句：	南京路上人来人往，车水马龙的，是上海最繁华的地方。
近义词：	门庭若市、络绎不绝、熙熙攘攘
反义词：	门可罗雀、门庭冷落

---

① 这个故事的原文里还有成语"不舍昼夜"（舍，放弃。不放弃白天和黑夜。比喻夜以继日）、"食不求甘"（饮食不求甘美。形容生活节俭）、"忧国忘家"（因忧虑国事而不考虑自己的家事）、"含饴弄孙"（饴，麦芽糖。含着糖逗小孙子玩。形容晚年生活的乐趣）。

〖 燕然勒功 〗

《资治通鉴·汉纪三十九》

宪分遣副校尉阎盘，司马耿夔（kuí）、耿谭将南匈奴精骑万余，与北单于战于稽洛山，大破之，单于遁走；追击诸部，遂临私渠北鞮海，斩名王已下万三千级，获生口甚众，杂畜百余万头，诸裨小王率众降者，前后八十一部二十余万人。宪、秉出塞三千余里，登燕然山，命中护军班固刻石勒功，纪汉威德而还。

译 文

窦宪分别派遣副校尉阎盘，司马耿夔、耿谭，率领南匈奴一万余精锐骑兵，同北匈奴单于在稽洛山会战。大败北匈奴军，北匈奴单于逃走。汉军追击北匈奴各部落，于是到达了私渠北鞮海，共斩杀大部落王以下一万三千人，生擒者甚多，还俘获了各种牲畜百余万头。由副王、小王率众前来投降的，先后有八十一部、二十余万人。窦宪、耿秉出塞三千余里，登上燕然山，命令中护军班固刻石建立功碑，记录汉朝的国威和恩德，然后班师。

贵族恶少终结北匈奴

公元 88 年，汉章帝刘炟病逝，十岁的刘肇即位，他就是汉和帝，窦皇后被尊为太后。

和帝还小，大事小事都由窦太后说了算。一度被章帝压制的窦宪被任为侍中，掌管朝廷机要。他的兄弟们也全都安排在接近皇帝、太后的显要位置上，个个权势滔天，窦家的亲朋故友更是遍及朝廷内外，不是朝官，就是地方官。

窦宪脾气暴烈，对那些得罪过他的人，甚至只是和他持不同政见的人，他都恨得咬牙切齿，为此培养了一批心腹爪牙，专门进行刺杀报复。

谒者韩纡曾经审理过窦宪的父亲窦勋的案件，窦宪便让心腹杀死了韩纡的儿子，用他的人头祭祀父亲。

有一次，窦宪想让尚书仆射郅寿替自己办件私事，就派人送了封信过去。没想到，郅寿立即将来人送到诏狱，之后几次上书，抨击窦宪横行不法，措辞十分严厉。窦宪大怒，诬告郅寿私买公田、诽谤朝廷。最后，郅寿被判流放，还没动身就自杀身亡。

窦太后对哥哥的种种不法行为完全不当一回事，窦宪的胆子就越来越肥，到后来竟然对窦太后宠爱的都乡侯刘畅下毒手。

原来，章帝去世后，刘畅从封地前来吊丧。刘畅能说会道，很得窦太后欢心，经常被召进宫中。窦宪怕刘畅分了他在内宫的权势，竟然派刺客在皇宫里杀死了刘畅，还嫁祸给刘畅的弟弟刘刚。

窦太后既伤心又愤怒，发誓要追查到底，就派侍御史和青州刺史一同审讯刘刚等人。

尚书韩棱觉得不对劲，就说："刘刚还在封地青州，怎么可能大老远跑到京城杀人？杀人凶手就在京城，不应该舍近求远。现在朝廷的做法，只会让作恶的人笑掉大牙。"窦太后大怒，狠狠地责备韩棱，但韩棱仍然坚持自己的看法。

和韩棱观点一致的，还有太尉宋由府中的属官何敞，他主动请缨："刘畅是皇室宗亲，只是到京城来祭吊，竟然在众目睽睽之下被人杀死。我认为执法官这样盲目地追捕杀手，等于在放纵奸恶之人。希望能够允许我参与审案，我定查个水落石出。"宋由知道何敞办事可靠，便奏报了窦太后。窦太后就让何敞接手这个案子。

不久，真相浮出了水面。一时间，群情激愤，要求严惩幕后真凶。窦太后也懵了，她万万没想到，罪魁祸首竟然是自己的哥哥，万般无奈下，只好将他囚禁在宫中，打算等事态平息后再处置。

窦宪害怕得要死，担心窦太后迫于压力把自己杀了，就请求去攻打北匈奴来将功赎罪。

司徒袁安、司空任隗等人坚决反对，说："北匈奴并没有侵犯我们，我们没道理发兵攻打，况且战争劳民伤财，容易激起民怨。"他们上书了十几次，甚至脱去官帽在朝堂力争劝阻，可窦太后就是不理睬，执意让窦宪出兵。

永元元年（公元89年）夏季，窦宪和大将耿秉等人率领三路大军出发，不久在涿邪山①会师。

窦宪人品虽然低劣，军事才华却极为出众，凭着他对匈奴的了解与对兵法的运用，汉军在稽洛山大败北匈奴，斩杀了一万三千多

---

① 亦名涿涂山。即今蒙古国戈壁阿尔泰东南额德伦金山。

人。随后，窦宪和耿秉带领汉军追击匈奴残兵，出塞三千余里，登上燕然山，命令中护军①班固刻石建立功碑，记录汉朝的国威，然后班师回国。这就是历史上有名的"燕然勒功"。

窦太后见窦宪给自己长了脸，非常高兴，下诏封他为大将军，地位在太傅以下，三公以上。

两年后，窦宪又派部将耿夔、任尚出居延塞，在金微山②大败北匈奴军队，俘虏了北匈奴单于的阏氏，斩杀大部落王以下五千余人。北匈奴单于落荒而逃，汉军出塞追击五千余里后才班师。这是自汉朝出兵匈奴以来，到达的最远的距离。

窦宪立下奇功，朝野震动，和帝召他回京受赏。窦宪抵达京城，来到宫殿前时，有官员竟然倡议说："窦将军为汉室立下千古奇功，我等应当伏身叩拜，口称'万岁'。"窦宪听到了，抚着胡须，得意扬扬地笑了，大有坦然接受的意思。

韩棱却站出来，严肃地制止："同上面的人交往，不可谄媚；同下面的人交往，不可轻慢。在礼仪上，没有对臣子称'万岁'的道理！"那几名谄谀者只好讪讪退下。窦宪狠狠地瞪了韩棱一眼，转身进了殿。

退朝后，和帝听侍从说起此事，对窦宪的厌恶之情更深了，他在殿中踱来踱去，很久都没说话。和帝年纪虽小，却聪慧机智，他知道自己暂时做不了什么，因为此时宫中一切事务都要听窦太后的，他只能耐心等待机会。

窦宪觉得自己立下大功，越发不可一世，他的几个兄弟也都狂妄到极点，有的擅自征调边疆各郡的精锐骑兵为自己所用，有的纵容部下和家奴掳掠妇女，抢夺百姓财物，以致京城的商贩一见窦家

---

① 掌军中参谋、协调诸部。
② 又名金山。即我国新疆北部与蒙古国之间的阿尔泰山脉。

的人立刻关门不做生意，就像躲避强盗一般。

一些正直的朝臣对此非常不满，担忧和帝年少，汉室江山被外戚颠覆，便不断上书进谏，有的甚至以死抗争。无奈当时窦氏权倾天下，想扳倒窦宪，谈何容易？

随着年龄的增长，和帝越来越为自己的处境担忧：宫中充斥着窦氏的心腹党羽，自己的一举一动都在监视之下。如果任其发展下去，恐怕汉室江山又要改作他姓了。怎么办呢？和帝每天晚上都为此苦思冥想。

窦宪也察觉到和帝的变化，生出了杀死和帝、换一个听话的小皇帝的念头，便和女婿郭举等人紧锣密鼓地策划起来。

天下没有不透风的墙，窦宪要谋逆的消息被和帝获悉，这位十四岁少年内心虽如惊涛骇浪，表面上却不动声色。他的脑子转得飞快："时间不等人，必须先除掉窦宪。可是，我久在宫中，接触不到朝中正直的大臣，朝夕相处的只有宦官。"

于是，和帝留心观察宦官们的一举一动，发现他们都对窦氏谄谀奉承，只有中常侍郑众不卑不亢。和帝悄悄找来郑众，直截了当地问："窦宪要谋反，你说怎么办？"

郑众似乎早有预料，回答道："只要皇上下定决心，我愿誓死追随！"

和帝大喜，问他："我们怎么做比较稳妥？"

郑众想了想，出了个主意："窦宪现在出征在外，等他下次回京，再找机会动手。在这期间，千万不能走漏风声，以免打草惊蛇。"

郑众走后，和帝又找来和自己关系密切的清河王刘庆。刘庆被窦太后废去太子之位后，一直小心翼翼，生怕被杀，所以一听和帝对他说"我想读一读《汉书·外戚传》"，他吓了一跳，马上明白和帝要对窦氏动手了，不禁犹豫起来。不过，想到惨死的母亲，想到自己的遭遇，刘庆对窦太后及其家族的恨意顿时涌上心头，他意识到帮助和帝就是替自己报仇。

主意打定后，刘庆第二天就想办法借来《汉书·外戚转》，揣在怀里偷偷带进了宫中。和帝连夜将书读完，又召来郑众，要他搜集皇帝诛杀舅父的先例。

不久，传来窦宪要回京城的消息。这天晚上，和帝展现出超出年龄的成熟和胆略，不动声色地布置着一切。

首先，和帝突然来到北宫，命令禁军头领带兵驻守在南宫和北宫，准备战斗。紧接着，他下令关闭城门，逮捕窦宪的心腹党羽，并全部诛杀。这一切都办妥后，和帝派人在路上迎接刚入城的窦宪，乘他不备，收了他的大将军印，夺了他的兵权，改封为冠军侯，并逼他和他的几个兄弟立即返回封地。等他们一到封地，命令他们自杀的诏书也到了。窦宪等人看着冰冷的诏书，心知回天乏力，只好都自杀了。

扫除窦氏以后，和帝开始亲政，他十分体恤百姓，多次下诏赈济灾民、减免赋税、安置流民，在法制上也主张宽刑。他主政十年后，东汉国力达到鼎盛，历史上称这一时期为"永元之隆"。

和帝诛灭窦氏后，追尊生母梁贵人为皇太后，大肆封赏梁家子弟。从此，梁氏家族又兴盛起来了。同时，因为郑众立下大功，和帝十分器重他，经常与他讨论朝政，还封他为鄛（cháo）乡侯，从而打开了东汉宦官封侯之门。在和帝的庇护下，外戚与宦官的势力都强大了起来。

燕 然 勒 功

　　燕然，即今蒙古国境内的杭爱山；勒，雕刻，勒功就是把记功文字刻在石上，即刻石记功。亦指建立或成就功勋。也称"勒铭燕然"。

造　句：西汉的霍去病封狼居胥，东汉
的窦宪燕然勒功，已经成为古
代武将至高无上的荣耀。

【 命若悬丝 】

《资治通鉴·汉纪三十九》

训曰："张纡失信，众羌大动，凉州吏民，命县丝发。原诸胡所以难得意者，皆恩信不厚耳。今因其追急，以德怀之，庶能有用。"遂令开城及所居园门，悉驱群胡妻子内之，严兵守卫。

译 文

邓训说："由于张纡失信，致使羌人各部落纷纷反叛，凉州官民的性命，就像悬挂在一根发丝上那般危险。推究胡人所以难与汉朝同心的原因，全都是因为我们的恩义不厚。现在胡人面临危难，如果我们能厚待他们，将来他们肯定能为我所用。"于是下令打开城门和他所居住的护羌校尉府后园大门，将胡人的妻儿全部迎入城内，还派兵严密守卫。

邓训护羌树威信

　　羌人是一支古老的游牧部族，主要居住在今天的甘肃、青海、四川一带。当初，为了打通汉朝到西域的大道，同时隔绝羌人与匈奴联合，汉武帝曾派十万大军将羌人迁出世代居住的湟中地区 ①，又把大量汉人迁徙到湟中居住，并设置护羌校尉来管理羌人。

　　东汉建立后，大批被逐的羌人陆续回到湟中地区。有人建议光武帝刘秀将湟中地区归还羌人，光武帝不但没有采纳，还派大军将十万户羌人再次逐出湟中，迁往凉州。

　　后来，居住在黄河以北的烧当羌在首领滇良的带领下，夺得大榆中地区 ②，开始强大起来。等到他的儿子滇吾即位，烧当羌越来越强盛，拥有一百五十多个部落，一百多万人口。当时西北的地方官多数残暴，放纵兵士掠夺羌人的土地财产，甚至他们的妻女。于是，彪悍的羌人开始频繁反叛汉朝，汉羌战争就此拉开了帷幕。

　　汉章帝章和二年（公元 88 年），面对频频爆发的羌人暴乱，朝廷临阵换将，让武威太守邓训接替名将张纡，担任护羌校尉。邓训厚德仁义，在朝野都很有声望。他知道，在汉羌对峙的非常时期，朝廷临阵换将很不寻常。

　　事情要从两年前说起。滇吾的儿子迷吾再次揭竿而起，率领族人叛逃出塞。而迷吾的弟弟号吾带兵攻打陇西郡。号吾骁勇善战，

---

① 指青海湟水两岸之地。湟水位于青海东部，是黄河上游重要支流。
② 应在今河套东北部至大青山一带。

根本没把汉军放在眼里，由于过分轻敌，结果他被汉军活捉。

五花大绑的号吾被押去见当时的陇西太守张纡，他心知难逃一死，却一点儿也不畏惧，从容地对张纡说："杀了我，对我们羌人来说，根本没有任何损失，反而会激励他们与你们汉人死战的决心。但如果你能放我回去，我一定让我的族人撤兵，以后不再来侵犯。"

张纡见号吾态度诚恳，心想："论实力，羌人不是汉军的对手，姑且放了他。如果他真的能够让羌人罢兵，那就太好了。如果不能，我再收拾他们也不迟。"当即放了他。

号吾很讲信用，回去后就将自己的军队解散。迷吾见汉军没有杀害自己的弟弟，便退到黄河以北的归义城①。

可是，当时的护羌校尉傅育却力主暴力镇压羌人，只是碍于羌人已经投降，没理由出兵。他就想了个主意，派人去挑拨羌人与胡人的关系，想让他们互相争斗，自己坐收渔人之利。

羌人和胡人都看穿了傅育的企图，不肯相斗，于是再次反叛。这下可被傅育找到出兵的借口了，他向朝廷请求征调各郡郡兵，一同进攻羌人。由于过分心急，他没等各郡兵马集结，就率领自己的人马先行出击。

迷吾不想和傅育对抗，便带着部众撤离。傅育哪里容他逃走，立即派出三千精锐骑兵穷追不舍，迷吾只好带领族人应战。到了夜里，汉军放松了戒备，迷吾趁机发动袭击，杀死傅育及其部下八百多人。等到各郡郡兵到达时，迷吾已经跑得无影无踪了。

朝廷见傅育捅了这么个大娄子，只好紧急调任张纡为护羌校尉。张纡虽然主张招降羌人，但这次八百多汉军将士的惨死让他悲愤不已，心想这么多年来，羌人一会儿打一会儿降，反反复复，根本没

---

① 在今青海贵德东北，黄河北岸。

有诚信，必须彻底打服他们。于是，当迷吾再次进犯时，张纡率领汉军以雷霆之势大败羌军。

迷吾想着上次汉军放了他弟弟号吾，以为这次只要他乖乖投降，汉军应该也不会杀他，于是派人向张纡求降。

张纡心里冷笑道："果然又玩这一套。"他不动声色地答应了，并与迷吾约定了受降的日子。

到了受降的这一天，八百多名羌人头目来到约定的地点，见汉军将士个个笑脸相迎，不由得放下心中的戒备。

张纡笑眯眯地说："欢迎羌人兄弟归汉，今日我们放下过去的恩怨，坐下来畅饮一番。"然后让人摆上好酒好菜招待他们。

席间，张纡多次劝酒，羌人见汉人如此热情，就放开肚皮喝酒吃肉。等羌人个个喝得东倒西歪时，张纡大喝一声："都给我砍了，替死难的汉军将士报仇。"营外的刀斧手立即冲进来，将八百多名羌人全部杀死。

可是，这次屠杀羌人的行为，不但没有让羌人害怕，反而激起他们更大的仇恨。迷吾的儿子迷唐纠集各部落的羌人，据守在大、小榆谷①，歃血为盟，誓死报仇。

就在汉羌战争一触即发之际，朝廷临阵换将，派邓训担任护羌校尉。邓训认为，武力镇压的确能平息一时之乱，却也在羌人心中种下仇恨的种子，而且越种越深。有鉴于此，邓训打算摒弃暴力镇压，以招抚为主。

迷唐听说汉朝又换了一名主将，就率领一万骑兵，前去抢掠已经归附汉朝的小月氏人，想逼他们投降自己，再联合起来对付汉军。

邓训听到风声，派官兵连夜前去掩护小月氏的老幼、妇女撤退。

---

① 在今青海尖扎西北，黄河南岸。

迷唐扑了个空，不甘心，连忙追赶。

　　在汉军的护送下，小月氏人艰难地来到邓训驻守的城下。有些官员不太愿意打开城门，就对邓训说："不如就让羌人与胡人互相攻击，他们打得两败俱伤，只会对我们有好处。"

邓训直摇头说:"张纡失信,导致羌人再次背叛,凉州的官民命若悬丝。推究起来,胡人之所以和我们不同心,是因为我们的恩德信义不厚。小月氏已经归顺我们,现在他们遭到羌人的威胁,我们应该帮助他们,这样他们才能一心追随大汉。不说那么多了,开城救人要紧!"他下令打开城门,让所有小月氏人进城。已经追到城下的羌人没办法,只好撤兵。

事后,小月氏人对邓训感恩戴德,都说:"从前,汉朝的官员总是唆使我们自相残杀,邓校尉却在危难的时候,收留我们的父母、妻儿。我们归附汉朝,如同得到了父母的保护啊。"

消息传开,湟中地区所有的小月氏人都向邓训表示臣服。邓训便对他们进行安抚教化,胡人无不心悦诚服。接着,邓训又开始想办法招降羌人中不愿作乱的良民。

在羌人的风俗中,病死是一件羞耻的事,谁如果得了无法治愈的重病,就会选择自杀。邓训很想改变这种愚昧的思想,但凡听说有羌人病重,就命人把他绑来,让大夫给他们治病。时间一长,治好了不少人,一传十,十传百,羌人对邓训佩服得五体投地。

邓训又给羌人各部落送财物,许多羌人早就厌倦了无休止的杀伐,又听说了邓训仁义的美名,纷纷前来投降。其中,影响最大的就是迷唐的叔父号吾,他率领八百户羌人前来依附。

时间一长,羌人内部开始分化,邓训便召集湟中地区的汉人、胡人、羌人,共四千多人,组成声势浩大的胡汉联军,开始讨伐顽固不化的迷唐。迷唐被打败,只好撤离大、小榆谷,他的部众也开始离他而去。

汉和帝永元元年(公元89年)春,迷唐再次纠集了一些人马,想杀回大、小榆谷。邓训又征集了六千多名士兵,让长史任尚统率。

任尚有将帅之才,带兵打仗极有谋略。他命令将士们用皮革做船，放在木筏上渡过黄河，乘迷唐不备发起突然袭击，斩杀了一千八百多名羌人，俘虏了二千人，缴获几万头牲畜。

受到重挫的迷唐只得收拾残部，把营帐往西迁了一千余里。这时，许多原本归附迷唐的部落首领纷纷背叛他。东吾的儿子东号带头投降汉军，其余部落也都跟着归降。邓训亲自接纳、安抚这些归降的羌人，极大地树立了威信。

三年后，邓训在任上病逝，当地人听说后都很痛心，从早到晚前去哀悼，有的羌人和胡人甚至用刀刺自己，并说："我们也跟邓使君一起死吧！"

邓训不仅得到羌人的敬重，也深受部属的拥戴。邓训当乌桓校尉时的老部下听到噩耗后，全都自发前去奔丧，以致城郭为之一空。有关官员认为这些部下擅离职守，便逮捕他们。时任乌桓校尉徐僶听说后，叹息道："这是为了信义啊！"将他们全部释放。当地的百姓家家户户为邓训立了牌位，每当有瘟疫发生，人们就向邓训的牌位祭告祈福，希望他保佑。

邓训死后，朝廷换了好几任护羌校尉，羌人时降时反，没有定性。在这个过程中，羌人部落不断遭到瓦解。多年后，迷唐的儿子来隆归降汉朝，跟在他身后的所有烧当部众，连十户都不到。至此，这场历时四十多年的烧当羌叛乱，才画上了句号。

成 语 学 习

命 若 悬 丝

原文为"命县丝发"。"县",通"悬",意思是悬挂。指危在旦夕、奄奄一息。

造　句：她已经命若悬丝，就是神仙来了，恐怕也救不了。	
近义词：危在旦夕、奄奄一息	
反义词：高枕无忧、安然无恙	

【 水清无鱼 】

《资治通鉴·汉纪四十》

超曰:"年老失智。君数当大位,岂班超所能及哉!必不得已,愿进愚言:塞外吏士,本非孝子顺孙,皆以罪过徙补边屯;而蛮夷怀鸟兽之心,难养易败。今君性严急,水清无大鱼,察政不得下和,宜荡佚简易,宽小过,总大纲而已。"

译文

班超说:"我年老糊涂,而你一直处于高位,我哪比得上你啊!如果一定要我说的话,我就提一些粗浅的建议。塞外的官兵,本来就不是孝子贤孙,都是因为犯了罪,才来守边的。而西域这么多小国家,心如鸟兽,很难扶植,却容易叛离。如今你年轻气盛,遇事容易急躁。俗话说得好:水太清澈了,就没有大鱼。对这些人,不能过于严厉,要宽容一些,在大是大非上把握好就行。"

让班超活着回家

当初，班超率领三十六人团出使西域，凭借出色的外交与军事才能，再次打通西域。自那以后，他在西域一待就是三十多年。永元六年（公元94年），班超平定焉耆，至此，西域五十多个国家全都归附了东汉。一些远在西海①之滨、四万里外的国家，都经过几重翻译来东汉进贡。为了表彰班超的功勋，朝廷封他为定远侯。班超终于实现了"万里封侯"的宏愿。

几年后，班超派属官甘英出使大秦②帝国和条支王国。甘英走遍了西海一带，每到一处，他就打听当地的风土人情，收集各种珍奇物产。不过，到达安息国西部边界的时候，甘英被茫茫大海挡住了去路。他打算乘船渡海，前往大秦，船夫却劝他："这片海无边无际，如果遇到顺风，需要三个月才能到达对岸；如果遇到逆风，说不定要几年呢。所以，渡海的人都会带上三年的口粮。另外，在海上航行的人，容易思念家乡，经常有人抑郁而死。"甘英听了，觉得再往前太危险，就返回了西域。

班超听了甘英的报告，有些遗憾这次与大秦失之交臂，也许他亲自出马会不一样。可是，班超也知道，亲自出马是不可能了，他已经快七十岁了。

随着年纪越来越大，班超对家乡的思念一天比一天强烈，于是

---

① 指今波斯湾、红海、阿拉伯海及印度洋西北部。
② 汉、晋时对罗马帝国的称呼。都城在罗马（今意大利罗马市）。

他向汉和帝上书，请求允许他回到故乡："我不敢奢望能走到酒泉郡，但求能活着进入玉门关。"

然而，奏书呈上去后，和帝考虑到没有人能够接替他的工作，所以拖了两三年都没答复。

当时，班超的哥哥班固已经去世，留下一部没写完的《汉书》。和帝就让他妹妹班昭到东观藏书阁，继续写《汉书》。

班昭见朝廷迟迟不答复哥哥的请求，就上书替他求情："那些胡人生性欺老，而班超已经七十岁了，随时可能去世，但是朝廷始终不安排人替代他，我担心胡人因此萌生叛逆之心。万一真的发生这样可怕的变故，班超又力不从心，到时候恐怕损害国家好不容易积攒下的功业，那就太令人痛惜了！班超在万里之外，伸长脖子盼望回乡，到现在已经三年了。即使在古代，十五岁当兵，六十岁也是可以复员的啊。因此我冒死替班超哀求，请让他活着回来，让他再看一眼京都的城阙和皇庭。"这份言辞恳切的奏书打动了和帝，他允许班超回国，并派大将任尚前去接任西域都护。

走马上任前，任尚特意向班超请教："朝廷派我接替您的职务，我觉得责任重大。但我见识短浅，没什么经验，希望您多多赐教！"

班超看他态度诚恳，就语重心长地说："塞外的官兵，本来就不是孝子贤孙，都是因为犯了罪，才来守边的。而西域这么多小国家，心如鸟兽，很难扶植，却容易叛离。你年轻气盛，遇事容易急躁。俗话说得好：水清无鱼。对这些人，不能过于严厉，要宽容一些，在大是大非上把握好就行。"

任尚不以为然，在回去的路上对亲信说："我还以为班君会有什么独家秘籍（jí），刚才听他说的这番话，也不过如此。"

永元十四年（公元102年）八月，班超经过长途跋涉，终于叶落归根，回到洛阳。一个月后，班超就去世了。

班超死后的第四年，由于任尚为人苛严，西域很多国家背叛汉朝，并发兵围攻任尚。任尚这才想起班超的金玉良言，但悔之已晚，只好向朝廷告急。

可是这时的京城，也刚刚经历巨变，就在几个月前，汉和帝驾崩了，即位的是他那出生才一百多天的幼子刘隆，朝政大事由太后邓绥做主。

得知西域各国叛乱，邓太后就让西域副校尉梁懂率领河西四郡——敦煌、武威、酒泉、张掖的羌、胡骑兵五千人前去救援。结果，梁懂还没到，任尚就已经自行解围。

不过，任尚亲手断送了西域的和平，自然不能留在那儿了，邓太后就将他召回，改任骑都尉[1]段禧为西域都护，西域长史赵博为骑都尉。

段禧和赵博据守在它乾城[2]。梁懂很懂兵法，看出它乾城不适合固守，就游说龟兹王白霸，说："我愿意进入龟兹，和你们共同守城。"

白霸不顾国内大臣和百姓的反对，爽快地答应了。梁懂一进入龟兹，就迅速派人前去迎接段禧和赵博的队伍，白霸这才知道上了当。

龟兹的大臣和百姓都非常愤怒，就背叛白霸，与温宿、姑墨两国联合进攻龟兹。战争持续了数月，最后联军兵败退走，龟兹局势才稳定下来。

段禧等人虽然保住了龟兹，却无法改变西域其他国家叛乱的局面。这个时候，通往中原的道路都被叛军堵塞，连一封文件都无法传到洛阳，就有大臣建议："西域离我们中原太远了，他们又经常反

---

① 禁军将领。
② 本龟兹国地。东汉永元三年（公元91年），置西域都护于此。在今新疆库车东牙哈乡塔汗其。

叛，官兵在那里屯戍垦田，消耗大量的经费，不如放弃西域。"

邓太后无奈，只好下诏撤销西域都护，派骑都尉王弘征集关中等地数千羌人前去接段禧等人以及屯田官兵回中原。

因为时间紧迫，王弘的手下一路上对羌人又打又骂，根本不把他们当人对待。羌人忍受不下去，就趁汉军不注意，往官道两边逃跑。

汉军官兵发现后，连忙追赶。可是，四面八方都是逃跑的羌人，官兵人数有限，不知道该往哪个方向追，于是派人飞书告知各郡，要他们发兵拦截羌人。

各郡官兵反应倒也迅速，可他们不改残暴的秉性，趁机毁坏羌人居住的村落，抢掠他们的财物。忍无可忍的羌人只好团结起来，没有武器，就用竹竿、树枝代替戈、矛，用木板当盾牌，与官军对抗。各郡县的官兵见羌人个个不怕死，打起仗来如狼似虎，不由得心生畏惧，竟然束手无策。

外忧内患之下，邓太后只好派哥哥邓骘（zhì）出马，去剿灭日益壮大的羌军。然而，邓骘的军队刚抵达汉阳，就被钟羌部落的几千人打败，随后又在与先零部落首领滇零率领的数万羌军交战中大败而归。

羌军声势因此大振，滇零于是在北地自称起天子来，他召集散布在各地的羌人，到处侵扰东汉边镇，汉人百姓纷纷向内地迁移。战乱也使得湟中地区的谷价飞涨，每石要一万钱，饿死的百姓多得无法统计。

有人就向朝廷上书，建议让人民休养生息，让军队撤回京师养精蓄锐，来年再出其不意讨伐羌军。邓太后也没有更好的办法，就命令邓骘撤军。

水 清 无 鱼

　　水太清，鱼就存不住身，对人要求太苛刻，就没有人能当他的伙伴。比喻过分计较人的小缺点，就不能团结人。

造　句：交朋友，要看他的主要方面，
水清无鱼，不要过于挑剔。

---

① 　这个故事的原文里还有成语"孝子顺孙"（指孝顺父母的儿子，有德行的孙子）、"力不从心"（心里想做，可是能力或力量够不上）。

〖 垂头塞耳 〗

《资治通鉴·汉纪四十一》

刺史垂头塞耳，阿私下比，不畏于天，不愧于人。假贷之恩，不可数恃，自今以后，将纠其罚。二千石长吏其各实核所伤害，为除田租刍（chú）稿。

译 文

而各部刺史却不问不闻，装聋作哑，徇私包庇，互相勾结，不知畏惧上天，也不知愧对于人。不能让他们一再地仗恃朝廷的宽容恩典，从今以后，朝廷将加重对不法官员的处罚。现命令二千石朝廷要员核查百姓受灾情况，免除他们应向国家交付的田赋禾秆。

邓太后的美人心计

邓太后叫邓绥，是东汉开国功臣邓禹的孙女，也是抚羌名将邓训的女儿。

邓禹曾经说过："我率领百万兵众，从不曾错杀一人，后世必有子孙兴起。"他虽然劳苦功高，却谨言慎行，尤其重视子女的教育，因此邓家的家风特别好，十三个儿子个个都有出息，能耐最大的就数六儿子邓训。

邓训秉承了父亲的教导，严格对待子女，要求男孩必须读书，女孩则学做家事。可自小就性情温和的邓绥偏偏喜欢读书，十二岁就通读《论语》《诗经》，每次看到哥哥们在读书，她总是上前虚心请教。

邓绥的母亲看她对读书上心，对家务事却不闻不问，就批评她说："你一个女孩子家，不好好学习女红（gōng）①，却读那么多经书，难道你要去考博士？"

邓绥怕母亲生气，就稍稍作了变通，白天学习女红，晚上诵读儒家经典。家里人笑着唤她"诸生②"，邓训却认为这个女儿与众不同，家中大事小事，总是要听听她的意见。

邓绥长大后，出落得亭亭玉立、清丽脱俗，和众多漂亮的贵族女子一起选入后宫。不久，汉和帝发现邓绥不仅长相出色，还腹有

---

① 旧指女子所从事的刺绣、编织等手工劳动。
② 指儒生。

诗书，更加喜欢她，就封她为贵人。邓绥并没有因此骄纵，和皇后阴氏①及各位妃子相处时，总是表现得谦恭谨慎。即使是地位低的杂役、宫人，邓绥也不轻视。

有一次，邓绥病了，和帝想让她母亲和兄弟入宫照料，并且不限时间。这本是和帝的一番好意，邓绥却婉拒道："皇宫是最重要的禁地，怎么能让外戚长时间住在里面呢？要是传出去，外面的人会说三道四！"

和帝感慨道："别的妃子都以亲属多次进宫为荣耀，只有你反倒为此担忧！"

又有一次，宫中举行宴会，嫔妃们都穿着绫罗绸缎，打扮得花枝招展，希望吸引和帝的注意，只有邓绥穿得朴素无华，但即便如此，和帝的目光一直没有离开过她。

这让阴皇后非常不快。她虽然出身于光烈皇后阴丽华的家族，却一点儿也没有阴丽华那种温和宽容、不争不抢的胸襟，反而阴阳怪气地说："哎哟，邓贵人往人群中一站，好像鹤立鸡群，我们真是自惭形秽（huì）啊！"

邓绥听了非常惶恐，从此对阴皇后更加恭敬礼让。如果她穿的衣服颜色碰巧和阴皇后的一样，她便马上换掉，生怕抢了阴皇后的风头。和阴皇后同时觐见时，她也不敢正坐或并立。阴皇后身材娇小，她就微微躬着上身走路，以示卑微。每当和帝问话，她一定要等阴皇后说完再开口。如果和帝要单独召见她，她总是推辞说自己病了，生怕阴皇后不高兴。

和帝见邓绥如此克制忍让，很心疼，叹息道："一个人的品德修养，竟然能达到这种境界！"从此加倍宠爱她，并冷落阴皇后。

---

① 光武帝刘秀的皇后阴丽华哥哥的曾孙女。

　　阴皇后越发嫉恨邓绥，总想除去这个眼中钉。有一年，和帝生病，眼看不行了，阴皇后忍不住咬牙切齿地说："要是让我得意了，决不会留下邓家的活口！"

　　这话传到邓绥耳中，她哭着对左右说："我全心全意地侍奉皇后，没想到换来她这样的对待。既然这样，我今天就跟皇上去，一报皇上的大恩，二解家族的灾祸，三不使阴皇后遭人讥讽。"说完，就要喝毒药自杀。

　　宫人连忙夺下那碗药，骗她说："您别这样，我听人说，皇上的病已经好了。"邓绥这才作罢。

　　没想到，第二天和帝的病真的好了，他得知此事，对阴皇后生了厌弃之心。后来，有人告发阴皇后因为失宠偷偷施行巫蛊之术，和帝就将阴皇后废黜，立邓绥为皇后。

　　当了皇后的邓绥更加严格要求自己与娘家人，不准各郡、各封国进贡除纸、墨外的任何物品。每当和帝想封邓氏家人，邓绥总是哀求辞让。因此，和帝在世时，她的哥哥邓骘的官职只不过是虎贲中郎将①。

　　元兴元年（公元105年），和帝驾崩。由于和帝之前生的儿子大多夭折，后来生下儿子就秘密寄养在民间。邓绥自己没有生儿子，就把和帝寄养在民间、出生才一百多天的刘隆迎回来当皇帝。邓绥被尊为皇太后，临朝摄政。

　　大丧期间，宫中乱糟糟的，有人趁机偷走了一箱大珍珠。邓太后想，如果交给有关部门严加审讯，必会牵连许多无辜的人。于是，她迅速锁定几个嫌疑大的宫人，让他们站成一排，然后挨个儿察看他们的神情。那名盗珠人被盯得满头大汗，当场认罪。

––––––––––––––––––––

① 负责宫中宿卫。

　　还有一个叫吉成的侍者，以前受到和帝的宠爱，其他侍从很忌妒他。和帝一死，他们就诬告吉成，说他用巫蛊术害死了先帝。吉成被拉到掖庭审讯，严刑拷打之下，只好认罪。邓太后却说："吉成是先帝身边的人，先帝对他有恩，害死先帝，对他没有好处，这不合常理。"于是她亲自传见吉成，重新核实，查出了事情的真相。

　　经历这两件事后，宫里的人都对邓太后心服口服，宫中很快恢复了秩序。

　　虽然稳住了后宫，可邓太后毕竟才二十多岁，对于如何管理一个国家，还缺乏经验，于是她把班昭当作自己的"智囊"，经常向班昭询问政事。班昭熟读史书，了解历朝历代的兴衰成败，分析事情很有见地。所以，邓太后虽然初掌大权，处理政事却有条不紊。

　　然而，八个月后，刘隆就死了，邓太后只好和哥哥邓骘商量，立清河王刘庆的儿子刘祜（hù）为新帝，即汉安帝。安帝当时才十三岁，朝政仍旧由邓太后总理。

　　所谓福无双至，祸不单行，这一年，西域各国叛乱，东汉国内又遭遇特大水灾，三十七个郡和封国被淹，许多房屋倒塌，庄稼没有收成，老百姓只好拖家带口，外出逃荒。

　　邓太后忧心忡忡，救灾需要大笔的开支，钱从哪儿来呢？思来想去，她打算从后宫做起，便下诏削减各种御用衣服车马、珍馐（xiū）美味，以及其他奢靡物品。她还以身作则，每天只吃一次肉。这个政令执行以后，宫中各项费用的年支出由两亿钱锐减为几千万钱。

　　可就在这节骨眼上，有些地方官员为了政绩，明明水灾损害了大量庄稼，他们却隐瞒灾情，夸大垦田面积，也不去统计逃亡的流民，反而竞相增加户口数。邓太后很愤怒，下诏给司隶校尉①和各

① 负责维持京城及附近地区的治安，对犯法者，无论皇亲国戚、大小官员，都有捕杀的权力。

部刺史说："现在水灾这么严重，各部刺史却垂头塞耳，相互勾结，将祸害转嫁到百姓头上，不知敬畏上天，不知愧对民众。从今以后，朝廷要加重对不法官员的处罚。"

众人都以为邓太后只是说说而已，不会动真格的，等到太尉徐防因为处理灾情不力被罢免，大家才害怕起来。像太尉、司徒、司空这样的高官，由于天灾的原因而遭罢免，徐防可是首例。紧接着，司空尹勤也因为同样的原因遭到革职，这下朝廷官员都不敢怠慢了，老老实实地投身救灾中。

邓太后还吸取外戚干政的教训，一方面用邓骘等外戚控制朝外的事情，一方面对他们非常严格，不许他们随便进宫。如果邓氏家族中有人犯罪，也不特别宽免。有一年，邓骘的儿子邓凤接受了任尚赠送的名马，事情暴露后，邓骘吓得亲自将邓凤的头发剃光，以此向朝廷请罪。

为了平衡外戚势力，邓太后还让一些宦官参与军政大事。大长秋^①郑众忠心耿耿，曾经帮助和帝剿灭权臣，深受和帝宠信，邓太后对他也非常倚重。还有一个叫蔡伦的宦官，也被邓太后相中。

蔡伦心灵手巧，闲时喜欢钻研各种手工艺。每到休息日，其他宦官都探亲访友，他却总是一个人到野外去寻找手工制作的灵感，还经常捣腾出一些精美的物件。后来，他被派去监督制造皇室丧葬用的刀剑等器械，结果做出来的东西既精巧又坚固，受到一致好评。打那以后，蔡伦对手工艺的痴迷一发而不可收，开始琢磨要改进写字的材料。

古人的文字先是刻在竹简上，然后编成册，后来人们又将字写在绢帛上。可是，竹简笨重而绢帛费钱，都不利于推广。西汉时，

----

① 管理中宫事务的最高官员。

又出现了一种麻丝做的麻纸，可是表面太粗糙，不方便写字。蔡伦便在麻纸的基础上，用树皮、麻头、破布、破渔网等材料造成纸。这种纸便宜，质量好，原料又容易找到，所以逐渐推广开来，后世称这种纸为"蔡侯①纸"。

　　蔡伦个性敦厚谨慎，很有学问，邓太后经常向他询问国情，了解民意，非常宠幸他。不过，邓太后虽然信任宦官，但始终将权力牢牢地抓在自己手上。她摄政十六年，任用贤能，把外戚与宦官都管理得服服帖帖，虽然自然灾害不断，但由于她处置得当，百姓还算安居乐业。此外，邓太后还重用虞诩（xǔ）等名将，平定了持续多年的羌乱。

---

① 蔡伦后来被封为龙亭侯。

成语学习①

垂 头 塞 耳

指不闻不问，装聋作哑。

造　句：对这么重要的事情，我们不能	
垂头塞耳，不闻不问。	
近义词：装聋作哑	

---

① 这个故事的原文里还有成语"掩口而笑"（笑时捂住口，以防出声失礼）。

〖 盘根错节 〗

故旧皆吊之，诩笑曰："事不避难，臣之职也。不遇槃根错节，无以别利器，此乃吾立功之秋也！"

译 文

虞诩的朋友前来送行，表示担忧，虞诩笑着安慰他们说："做事不避艰难，本是臣子的职责。不遇到根枝盘旋交错的树木，就不知道哪把斧头是锋利的。你们不用为我担心，这正是我建功立业的机会啊！"

虞诩增灶断追兵

　　大将军邓骘撤军后，边疆各郡的情况越发糟糕。除了羌人作乱之外，乌桓部落、胡人部落、鲜卑部落，还有南匈奴，此时都联合起来进犯东汉的城镇，掳掠百姓，再加上天灾不断，并州、凉州发生严重饥荒，出现人吃人的现象。

　　朝廷为此忧虑不已，有个叫庞参的谒者就向邓骘建议："现在既要抵御外敌，又要救济灾民，国家财政很紧张，不如放弃凉州，将边疆各郡的穷人迁徙到三辅地区居住，然后集中力量对付北方的边患。"

　　邓骘打算采纳他的意见，便召集公卿开会，对他们说："这样做，就好比是破衣服，牺牲其中的一件去补另一件，还能得到一件完整的衣裳，不然的话，两件都保不住。"大家都不敢反对。

　　太尉张禹回到家中，和郎中虞诩说起这事。虞诩一听就急了，说："千万不能放弃凉州啊！首先，先帝开疆拓土，历尽艰辛，才取得了这块土地，现在却因为害怕消耗一点儿经费，就将它丢弃，太可惜了；第二，如果放弃凉州，三辅地区就成了边塞，历代的皇家陵园就暴露在外；第三，俗话说：关西出将，关东出相。猛士和武将，多数出在凉州，凉州人勇猛，打起仗来不要命。正因为这样，羌人、胡人才不敢侵扰三辅地区。而凉州人之所以前赴后继、冲锋陷阵，也是因为有我们大汉王朝做他们的靠山。如果丢掉凉州，当地百姓又不愿迁徙，就会哀叹：'朝廷把我们丢给了夷狄！'一旦有人趁机闹事，后果不堪设想啊！"

张禹大惊，说道："哎呀，这些我都没考虑到。要不是你提醒，差点儿坏了大事！那现在怎么办呢？"

虞诩就说："办法倒是有。首先招募凉州当地的英雄豪杰，让他们抵挡羌胡，其次是将州郡长官的儿子带到朝廷来，授予他们官职，表面上是奖励他们，实质上是将他们控制起来，防止他们叛变。"

张禹顶着压力，重新召开公卿会议，最终大家采纳了虞诩的建议。邓骘觉得很没面子，就想给虞诩一点儿颜色瞧瞧。恰逢朝歌县①叛匪宁季等人杀死官吏，聚众作乱，朝廷派了几拨人马前去镇压都失败了，邓骘就推荐虞诩去当朝歌县令。

明眼人一看就知道邓骘这是把虞诩往火坑里推，虞诩的朋友也这么想，前来送行的时候说出心中的担忧。虞诩笑着安慰他们说："做事不避艰难，本是臣子的职责。不遇到盘根错节的树木，就不知道哪把斧头是锋利的。你们就别愁眉苦脸啦，这是我建功立业的大好机会啊！"

虞诩一到朝歌，便去拜见河内太守马棱。马棱见他长相文弱，不像能平定叛乱的主，就说："你是一位儒家学者，应当在朝廷搞学问、做谋士，如今却到叛匪猖獗的朝歌来，恐怕凶多吉少啊。"

虞诩淡淡地说："这些叛匪不过是乌合之众，聚在一起图个温饱而已，并没有什么野心。"

马棱诧异地问："你怎么这么肯定呢？"

虞诩答道："朝歌离天下粮仓——敖仓不到一百里，叛匪却不懂得打开敖仓，用粮食招揽饥民，也不去抢劫武库中的兵器，据守成皋，这说明他们没有什么图谋。朝廷镇压不力，他们才如此嚣张。

---

① 治所即今河南淇县。

我们不妨避其锋芒，以智取胜。"

马棱深为虞诩的见识折服，便让他放开手脚去干。虞诩于是在全县范围内招募"勇士"，并设置了上、中、下三个等级：行凶抢劫的，为上等；打架伤人、偷盗财物的，为中等；不经营家业、不从事生产的，为下等。一共募得一百多人。

接着，虞诩大摆宴席，亲自招待他们，当众宣布赦免他们的罪行，但要他们混入叛匪中，诱使叛匪出来抢劫。

这些"勇士"都争着将功赎罪，将叛匪诱骗出来，而官府早早就设下伏兵，最后杀死叛匪数百人。虞诩又暗中派会缝纫的贫民为叛匪做衣服，并留下记号。这些叛匪穿上有记号的衣服，只要一露面，就会被官兵抓获。迷信的叛匪以为有神灵在帮助官府，惊骇不已，四散逃窜。朝歌的匪乱因此平定，虞诩名声大振。

元初二年（公元 115 年），羌人入侵武都郡[①]，邓太后听说虞诩很有才能，就任命他为武都郡太守，主持退羌大事。虞诩一接到调令，就快马加鞭，带兵赶往武都。快到陈仓崤谷时，有探子飞奔来报："前面有几千名羌人埋伏，想拦截我们。"

虞诩马上命令军队停止前进，并放出风去，声称："新任太守已上书朝廷，请求增援，待援兵一到，集合兵力再出发。"

羌人头领听说后，就说："兄弟们，汉军增兵集结需要时间，我们与其在这儿干等，不如先去附近抢些东西回来。"于是分散到各县抢掠。

虞诩见羌人中计，命令军队立即启程，急行军一百余里，冲破了羌人的埋伏圈。羌人头领这才知道上当了，又召集分散的兵马急急追赶。

羌人熟悉地形，追赶起来非常快。第二天一早，探子慌里慌张

---

① 治所在今甘肃西和南。

地向虞诩报告："不好了，羌人离我们只有三十里了。"

虞诩淡定地说："莫慌，莫慌！听我命令，每人就地做两个灶，生火做饭。"军士们虽然不解，但都照办了。吃完饭，虞诩又命令军队急行军两百余里，扎营后，又让每人做四个灶生火做饭。以此类推，每日行军两百余里，在前一天的基础上增加一倍的灶。

羌人发现汉军的灶逐日成倍增加，以为汉军的援军赶到，不敢追得太近，只是远远地跟在后面。

虞诩的随从不解，问道："兵法上说，将士要保持体力，每天行军最好不要超过三十里，以防不测，而这几天我们每天行军二百余里。从前孙膑用过减灶的计策，而您却每天增加灶的数量。这是什么道理？"

虞诩哈哈一笑，说："现在羌兵人多，我军人少，走慢了就容易被追上，只有走快了，对方才无法获知我们的真实情况。我每天增加灶的数量，羌人必定以为朝廷派来的援兵已经到了，我军人数既多，行动又快，他们自然就不敢追得太紧。兵法不是死的，要根据不同情况灵活运用，这就是为什么孙膑用减灶计示弱，而我则通过增灶向羌人示强。"

就这样，一面迷惑羌人，一面日夜兼程，虞诩和他的人马终于到达武都城外。此时，武都郡已经被羌人包围了好几天，城内军民正苦苦支撑。

怎么进城呢？虞诩想了想，对将士们说："你们紧跟着我！"说完，他一拍马背，就往城门冲去，嘴里喊着："新太守带着援军来啦！杀啊！"众将士紧随其后，也呐喊着往前冲。

出其不意的喊杀声让围城的羌人惊慌不已，他们还没回过神来，虞诩的人马已经冲进城内。

羌人首领明白过来后，气得哇哇直叫，下令把武都城围得水泄不通，并叫嚣："活捉新太守！"

虞诩让人清点能作战的将士，得到的结果是不到三千，而羌人却有一万多。不过，羌人虽然围城多日，却不知道城内汉军的兵力多寡。虞诩为了迷惑羌人，命令大家不许使用强弩，只许用小弩。羌人首领误以为汉军弓弩力量微弱，射不到自己，便大手一挥，下令集中兵力猛攻。

羌人潮水一般拥上来，一直在城楼上观察的虞诩见状，立即命令将士换上强弩，每二十支弩射向一人。刹那间，箭矢飞一般射向城下，冲在前面的羌人应声倒地。

后面的羌人大为惊恐，又潮水般往后退。虞诩抓住机会，率领精锐骑兵冲出城，趁乱又斩杀了不少羌人，然后风一样退回城内。

第二天，虞诩又想出一个迷惑羌人的办法，他把全部人马分成几队，每队人马从东门出城，再从北门入城，然后改换一套服装，再出城、入城。如此循环多次，羌人不清楚城内到底有多少汉军，更加惊恐不安，纷纷要求首领撤退。羌人首领见汉军虚实难测，虞诩又足智多谋，担心继续围攻下去会吃亏，就暗中准备撤军。

虞诩察觉后，秘密派遣五百人在河道浅水处埋伏，守住羌人的逃路。很快，撤退的羌人就进入了汉军的埋伏圈，被打了个措手不及，被杀被俘的不计其数。

战后，虞诩在研究武都的地形后，修建了一百八十处营堡，并召回了流亡的百姓，鼓励他们积极生产，又开通了水路运输，以促进经济的发展。在他的精心治理下，当地谷价从每石一千钱降到八十钱，盐价则从每石八千钱降到四百钱，居民也由原来的一万三千户激增到四万多户，可谓人人富足，家家丰裕，再加上军备的增强，羌人自然就不敢再来侵犯。

成语学习 ①

盘根错节

原文为"槃根错节"。"槃"，同"盘"，盘曲；错，交错；节，枝节。树木的根枝盘旋交错。比喻事情纷繁复杂。

造　句：	这件事情盘根错节，牵扯的人太多，不好处理。
近义词：	千头万绪、错综复杂
反义词：	一目了然

---

① 这个故事的原文里还有成语"安土重迁"（安于本乡本土，不愿轻易迁移到外地）。

〖 天知地知 〗

《资治通鉴·汉纪四十一》

当之郡，道经昌邑，故所举荆州茂才王密为昌邑令，夜怀金十斤以遗震。震曰："故人知君，君不知故人，何也？"密曰："暮夜无知者。"震曰："天知，地知，我知，子知，何谓无知者！"密愧而出。

译 文

在前往东莱郡赴任的路上，杨震途经昌邑县，他先前举荐的荆州茂才王密正是昌邑县的县令。夜里，王密揣着十斤金子来送给杨震。杨震说："故人了解你，你却不了解故人，这是为什么？"王密说："黑夜之中，没有人知道。"杨震说："天知道，地知道，我知道，你知道，怎能说没有人知道！"于是王密惭愧地走了。

"关西孔子"的传家宝

夕阳西下，天边的晚霞映照着一条向远方伸延的路，一座客栈矗立在路旁，屋檐下挂着几盏灯笼，写着"昌邑客栈"几个字。突然，"吁"的一声，打破了日暮的宁静，只见一行骑马的人勒住缰绳，从马背上下来。为首的一身儒者打扮，有一种不怒自威的气势，几名随从跟在他身后。

这位儒者就是有着"关西孔子"美誉的杨震。杨震，字伯起，博览群书，通晓经籍，却一直不肯出来做官，直到五十岁才踏入仕途，被大将军邓骘聘为幕僚，后任荆州刺史。因为在荆州干得出色，又被调到东莱①当太守。这次他就是去东莱上任，路上经过昌邑。

店家热情相迎，将一切安排妥当。随从们经过一天的路途劳顿，早早就睡下了。杨震却没有半点儿睡意，跟往常一样，坐在灯下，准备读书。这时，他听到一阵轻轻的叩门声，连忙说："请进！"

走进来的是一位身着白衫的年轻人，口中唤道："恩师！"

原来是曾被杨震推举为茂才②的王密，他现在已经是昌邑县令。杨震不由得呵呵一笑，问："这么晚前来，有什么急事？"

王密迅速往左右察看了一下，轻轻掩上房门，然后从怀里掏出一个包裹，放在桌上一层一层打开，里面竟然是十斤黄金。

只听王密轻声说道："当初多亏恩师推举，学生才有出头之日。

① 治所在今山东莱州市。
② 汉代举荐人才的科目之一。西汉称秀才，东汉避光武帝刘秀讳，改称茂才。

这是学生的一片心意。"

杨震赶忙摆手说："为国家举荐贤才是我的责任，你本身又才华出众，没有我的举荐，早晚也会崭露头角的。这些东西请你拿回去。"

王密恳切说道："俗话说，饮水思源，请让学生表达一下心意。"

杨震立即板起脸来，说："我了解你的心意，你怎么就不懂我的为人呢？"

王密忙说："学生知道恩师爱惜名声，如同鸟儿爱惜羽毛。可现在大晚上的，不会有人知道，也不会损害您的名声。"

杨震正色道："天知，地知，我知，你知，怎么能说没人知道呢？请你收回礼物，我决不做违心之事。"

王密见杨震态度坚决，只好羞愧地收起包裹走了。

这时，一名早已被惊醒的亲信走进来，说："我知道您一向清正廉洁，仅仅依靠俸禄生活，您当官这么久，可家人的吃穿用度跟普通百姓没什么两样。这王县令也是一番好意。属下觉得，世事难料，有时候也可以灵活变通，您就算不为自己考虑，也要为子孙后代考虑，置办一些产业呀。"

杨震缓缓说道："让我的后代成为清官的后代，这就是我留给他们的最好的遗产。"

其实，杨震能够名重一时，不仅因为他做官时清廉自守，还因为他不畏权贵，直言时政之弊。

建光元年（公元121年），临朝摄政十六年之久的邓太后去世，做了十五年傀儡皇帝的汉安帝终于亲政了。他做的第一件事就是寻找郎中杜根。原来，这个叫杜根的，反对外戚专权，曾经向邓太后上书说："皇上已经长大了，应当亲自主持政事。"邓太后不愿意交回权力，对杜根的提议自然很恼怒，命人将他在殿上当场打死。杜根苏醒过来时，正赶上邓太后派人查看尸体，他便装死。三天后，他的眼里都长出了蛆虫，再次查验的人以为他真的死了，就将他胡乱丢了出去。杜根这才得以逃脱，在一家酒铺做了十五年的佣工。

安帝听说他还活着，就命人找回来，提拔为侍御史^①。

邓太后之所以一直不愿意还政给安帝，是因为小时候聪明好学的安帝长大后就跟变了个人似的，成天跟宦官混在一起，一门心思吃喝玩乐。邓太后担心国家毁在他手里，所以迟迟没有归政。她曾经征召几位王爷的儿子来京城，其中河间王的儿子刘翼相貌堂堂，邓太后觉得他不同寻常，就将他留在京城。

安帝的奶娘王圣担心安帝会被邓太后废黜，经常同宦官李闰、江京二人在安帝面前诋毁邓太后，安帝为此怨恨邓太后。邓太后去世后，他们便诬告邓太后的兄弟曾经策划改立刘翼为皇帝。

安帝大怒，将邓氏一族免官的免官，流放的流放，大将军邓骘绝食而死，而平原王刘翼则被贬为都乡侯，遣回河间。从此，刘翼不再会见宾客，深居自守，这才保住一条命。

紧接着，安帝大肆封赏外戚，包括祖母宋贵人和皇后阎氏家的人，让他们担任各种官职，统领皇家禁军。奶娘王圣和她的女儿伯荣更是受到安帝的宠幸，王圣后来还被封为野王君。

安帝又因江京当年曾经迎接自己入宫即位，认为他有功，便封为都乡侯，将李闰封为雍乡侯，二人全都提升为中常侍。他们与王圣、伯荣串通一气，尽干些无耻勾当。

而这时杨震已官居司徒，他特别看不惯王圣母女，曾多次上奏书说："奶娘王圣，出身微贱，遇到千载难逢的机会，得以奉养皇上，给她的赏赐，已经超过她的功劳，但她贪得无厌，勾结宫外之人，接受请托贿赂，损害朝廷，玷污了陛下日月般的圣明。"请求安帝将王圣母女逐出宫去，以免坏了规矩。

昏庸的安帝不但不听，还将杨震的奏书拿给王圣母女看，王圣

---

① 御史大夫（负责监察百官）的属官，如果是高级官员犯法，一般由侍御史报告御史中丞（御史大夫的次官），然后上报给皇帝。如果是低级官员犯法，侍御史就可以直接弹劾。

母女从此怀恨在心。

不过为了安抚杨震，安帝将他提升为太尉。太尉是三公之首，权力很大，于是就有人跑来向杨震要官做。

安帝的舅舅耿宝想让中常侍李闰的哥哥到杨震手下挂一个闲职，他亲自跑到杨府，用安帝来压杨震，说："李常侍现在受到皇上的倚重，想让三公征召他的哥哥当官。我只是传达皇上的意思罢了。"

杨震冷冷地说："既然是皇上的意思，那就应当有尚书发出的敕令。"

耿宝见杨震冥顽不化，十分恼恨。后来，阎皇后的哥哥阎显也向杨震推荐自己的亲信，杨震照样不理。而司空刘授马上安排这两个人做自己的下属。两相比较下，杨震愈发受到李闰等人的怨恨。

不久，安帝又下诏为王圣修宅子，而中常侍樊丰，侍中周广、谢恽等人又相互勾结，为非作歹，杨震明知自己树敌不少，却仍然不改脾性，向安帝上书："如今到处是天灾，战乱又不断，百姓生活困苦，皇上却要耗费数亿财资，为奶娘兴修宅第。周广等人，仗着皇上的宠爱，和奶娘一块作威作福，天下人对此议论纷纷呢。"言语十分恳切。安帝却嫌他烦，不理会。

樊丰、周广、谢恽等人见杨震碰了钉子，更加无所顾忌，甚至伪造诏书，征调朝廷的钱粮、木材、役夫，为自己兴建豪宅、园林。恰好不少地区发生旱灾，京城和周边的几个郡国发生地震，杨震再次上书，这次言辞相当激烈："京城发生的地震，恐怕就是这些人越过法度，私自征调役夫、大修宅第引起的。而久旱无雨的气候，是上天对我们的警告，希望陛下能够抛弃樊、周、谢这样骄横奢侈的臣子。"

安帝读了，怒气冲冲地说："杨震这个老头，说个没完没了，总有一天我要让他闭嘴。"

过了段时间，安帝到东方巡视，杨震搜集到樊丰等人伪造诏书的证据，就将情况全部写下，准备等安帝回京后呈上。樊丰等人听说后，非常惶恐。恰好太史报告说星象出现逆行，樊丰等人就合起伙来诬蔑杨震，说他是邓氏家族的旧人，有怨恨之心，所以星象才会出现变化。安帝听信樊丰等人的鬼话，就免了杨震的官职。

樊丰等人仍不解恨，撺掇耿宝上奏说："杨震被免官后竟然不服罪，对皇上十分怨恨。"安帝怒不可遏，下诏将杨震遣回原籍。

接到诏书后，杨震来到洛阳城西边的夕阳亭，凭栏远眺，只见落日余晖，绚烂无比，却又悲壮无比。过了好久，他才缓缓转过身，晚风吹着他疲惫忧虑的脸，吹得他的长袍飘荡。

杨震长叹了一声，慷慨地对儿子和门客们说："死亡是再平常不过的事了。我蒙受皇恩，身居高位，本应有所作为，可奸臣当道，小人作乱，我却不能禁止，还有什么面目再见日月？唯有以死明志！我死以后，要用杂木做棺材，用单被包裹，够盖住身体就好了。不要归葬祖坟，也不要祭祀！"

当晚，杨震饮下一杯毒酒，从容赴死。几天后，杨震的棺木启程回故里，路上的行人都为他落泪。直到汉顺帝刘保即位，杨震才得以平反昭雪。

成语学习 ①

天 知 地 知

天知道，地知道。指人人都知道。亦指只有天知道，地知道，没有别人知道。

造 句："这件事天知地知，你知我知，
千万不要说出去！"他悄声对
她说。

---

① 这个故事的原文里还有成语"推燥居湿"（把干的地方让给幼儿，自己睡在湿的地方。形容抚育孩子的辛劳）、"不知纪极"（纪极，终极，限度。原形容贪得无厌。也表示极多）、"连里竟街"（形容屋舍毗连不绝）。

【 进退无据 】

《资治通鉴·汉纪四十三》

河南张楷与英俱征，谓英曰："天下有二道，出与处也。吾前以子之出，能辅是君也，济斯民也。而子始以不訾之身怒万乘之主，及其享受爵禄，又不闻匡救之术，进退无所据矣。"

译 文

河南人张楷和樊英同时接受征聘，听到种种议论后，就批评樊英说："天下的读书人只有两条路，即当官和隐退。我原来认为，你这次出来当官，一定会好好辅佐君王，拯救黎民，可是你到了京城，多次称病以激怒君王，享受到丰厚的赏赐之后，又没有什么匡扶社稷的方法，这就是进退没有依据了。"

顺帝一点儿都不顺

汉顺帝刘保是汉安帝刘祜唯一的儿子，按说帝位非他莫属，可他的继位之路却一波三折。

刘保的生母李氏是一名宫女，生下他后就被忌妒成性的阎皇后毒死。因为阎皇后多年没有生育，安帝只得立刘保为太子。可阎皇后担心刘保即位后会追究杀母之仇，就和王圣、江京、樊丰等心腹串通，捏造证据诬陷刘保。安帝不顾大臣们的苦苦劝说，竟然废了刘保，将他贬为济阴王。

废黜了太子，安帝心里也不好受，就带着阎皇后到南方游玩，想散散心。谁知走到半路，安帝突然得了重病，没几天就咽了气。这下可把阎皇后和她的哥哥阎显吓坏了，连忙找来江京、樊丰，对他们说："皇帝死在半路上，济阴王却还留在洛阳。消息一旦传出，公卿大臣有可能拥立济阴王为帝，那我们就会大祸临头了。"

几个人一合计，就学赵高在秦始皇死后秘不发丧的做法，将尸体抬上车，一路上进献饮食、问候起居，和平常一样。

四天后，他们返回了洛阳，这才宣布安帝的死讯。可怜的废太子刘保，连上殿在棺木前哀悼父亲的机会都没有，只能在自己的府里哭得死去活来。文武百官都替他感到难过，中常侍孙程等宦官也很同情他的处境。

阎皇后怕夜长梦多，就和阎显等人迎立汉章帝的孙子、年幼的北乡侯刘懿（yì）继位。阎皇后被尊为皇太后，开始临朝摄政。

为了把权力集中在阎氏家族手里，阎显指使人弹劾耿宝、樊丰、谢恽、周广以及王圣母女结党营私，大逆不道。樊、谢、周三人被处死，耿宝自杀，王圣母女则流放雁门。接着，阎显将他的兄弟们全都弄进了权力中枢。

几个月后，小皇帝刘懿病危，阎太后这次倒不慌张，反正到时候再立一个就是。宦官孙程却动起了心思，他跑去对刘保的心腹长兴渠说："济阴王是先帝唯一的儿子，并没有犯下任何过错，先帝却听信谗言，将他废黜。如今小皇帝病重，估计没几天活了，你我不妨联手除掉江京、阎显等人，拥立济阴王。"长兴渠大喜，当即答应。

果然，刘懿没过几天就去世了。阎太后召哥哥阎显入宫，商议新帝人选。然而，没等他们选出新一任皇帝，孙程等十九名宦官就联合长兴渠，带兵攻入皇宫，斩杀了江京等人，迎济阴王刘保即位。

皇位失而复得，顺帝刘保做的第一件事，就是处死阎显和他的兄弟们，又把阎太后迁到离宫①，她的那些心腹党羽则杀的杀，流放的流放。接着，顺帝大肆封赏，孙程等十九位拥立有功的宦官都被封为了列侯。

登基靠宦官，治国可不能指望他们，得有一帮能干的臣子才行。可是，这时东汉的朝政已经被外戚搞得乌烟瘴气，朝堂上那些大臣不敢问是非曲直，只求自保，天下有才能的人都躲起来了。顺帝没办法，只好向全国下诏，希望有才能的人出来当官。

有个叫樊英的人，学问很高，品行出众，因为看到朝政混乱，就隐居在壶山②之南。州郡官府多次征召他出来当官，他都拒绝了。顺帝听说后，让当地官府备下厚礼再去请，樊英还是不肯，说："我

---

① 京城外面的官殿。
② 即太胡山。在今河南泌阳东北七十里。

病得很重，去不了。"顺帝就骂那些官府办事不力。州郡官员没办法，强行将樊英抬到车上。樊英无奈，只得上路。

到洛阳后，樊英仍说自己得了重病，不肯起床。官员们只好将他拖起来，硬塞到轿子里，抬着进了宫。但是樊英见了顺帝，还是不肯答应当官。

顺帝见樊英这么不识相，气呼呼地说："朕可以让你活，也可以让你死；可以让你高贵，也可以让你卑贱；可以让你富有，也可以让你贫困。朕是万乘之尊，你为什么胆敢轻视朕的命令？"

樊英昂首答道："我相信天命。如果能平安过完一生，是天命；如果没过完一生就死了，也是天命；陛下怎么可以让我活，又怎么可以让我死呢？我一向把暴君当作仇人，连站在暴君的殿堂下都不愿意，陛下又怎么能够让我高贵呢？我虽然是草民一个，住着低矮的破屋子，却逍遥自在，不会因为皇帝封官而改变，陛下又怎么能够让我低贱呢？如果得到的财物不合礼法，即使黄金万两我也不稀罕；如果能够让我实现志向，即使是粗茶淡饭我也高高兴兴。陛下又怎么能让我喜欢富贵、厌恶贫穷呢？"

顺帝拿樊英一点儿办法都没有，只能好声好气地说："既然您病了，就先到太医那里养着，朕每月派人给您送羊和酒。"樊英就这样在京城住了下来。

过了两年，顺帝觉得樊英的"病"应该好了，就专门为他设立讲坛，用尊敬老师的礼节来对待他，命公车令在前面引路，由尚书陪同，赏赐小桌子和手杖，然后向他询问朝政的得失。这次樊英倒没有推辞，开口说了起来。在场的人都仰慕樊英，期待着他说出治理国家的奇计妙策。谁知听了半天，樊英说的都是一些平淡无奇的话，众人不禁感到失望，摇头说："真是盛名之下，其实难副呀。"

与樊英一同接受征聘的河南人张楷就批评他："天下读书人只有

两条路，要么当官，要么隐退。我本以为，这次你应召来京，一定会辅佐君王，拯救百姓。谁知你除了一个劲儿地称病，为自己赢得优厚的待遇外，啥事也没干，这就是进退无据，最终让自己无处容身了。"樊英听了，很惭愧，不久就回老家去了。

顺帝很郁闷，能想的办法都想了，他实在没辙了，就把司隶校尉虞诩找去商量。

虞诩说："现在那些公卿以下的官吏，大多是怕担责任、到处和稀泥的好好先生，议郎左雄倒是难得的忠直之臣，应当让他在更重要的位置上发挥作用，他一带头，必定会为陛下招揽更多的人才！"顺帝便任命左雄为尚书。

果然，左雄上任后，对举荐人才非常上心，还上书说："孔子说过：'四十不惑。'从现在起，孝廉①科的人选，年龄不到四十岁的，地方官府不得举荐。如果是儒生，则要精通儒家经典；如果是在职的文史，那就要考察他写文章的水平。被举荐的各类人才，都要由尚书亲自核查，凡是不合规的，要追究相关人员的责任。当然，如果被举荐的人有颜回②那样特殊才能的，可以不受年龄的限制。"顺帝很赞成，就让左雄着手去办。

广陵郡的官员开始没当回事，还是按原来的办法举荐了一个叫徐淑的孝廉，年龄不满四十岁。尚书郎见他明显不合规，就问怎么回事。

徐淑振振有词地说："诏书上不是写得很明白嘛，有像颜回那样特殊才能的，可以不受年龄限制。所以郡里推荐了我呀！"

郎官一时无法反驳。

---

① 汉代选拔官吏科目，孝指孝子，廉指廉洁之士。
② 孔子的弟子。家贫，居陋巷，一箪食，一瓢饮，不改其乐。孔子称赞他好学而有德行，说他"不迁怒，不贰过，其心三月不违仁"。

左雄就问他："颜回听到一件事，可以知道十件事①。孝廉你听到一件事，可以知道几件事呀？"

徐淑张口结舌，说不出话来，只好灰溜溜地回了家，推荐他的郡太守因此被免官。

紧跟着，又有十几位在推荐人才上弄虚作假的官员或被免或降职，大家一看朝廷这次动真格的，都老老实实地选荐有真才实学的人。

当时有个叫张衡的人，才华盖世，除了文章写得漂亮，还善于制作一些精致的装置，比如演示天象的浑天仪，用它可以观测日月星辰的运行情况。后来他又做出了一种可以预测地震的仪器，名叫"地动仪"。

地动仪由纯铜铸造而成，形状像一个大酒樽。"酒樽"中央有一根粗大的铜柱，向外伸出八条滑道，代表东、南、西、北、东北、东南、西北、西南八个方向，每个方向上雕着一条龙，龙尾朝上，龙头朝下，每条龙口中都含着一枚铜丸，龙头下面则对应着一只张着嘴巴的蛤蟆。如果某个方向发生地震，这个方向上的龙通过震动来触动机关，龙口就吐出铜丸，落入蛤蟆的嘴里，发出清脆的声音。看守仪器的人听到响声，只要跑去一看，就能知道发生地震的方位。

张衡性情恬静，不慕名利，二十几岁时就被推荐为孝廉，但他没有接受。后来朝廷特别征召他进京，先是拜为郎中，再升任太史令。顺帝知道他很有能耐，又把他提拔为侍中，留在自己身边，经常向他询问朝政得失。

渐渐地，朝廷的风气好起来，很多有才能的人都跑出来当官了，如黄琼、崔瑗（yuàn）、马融、陈蕃、李膺、陈球等，可谓人才济济。有了这么多良臣，顺帝这个皇帝，总算觉得平顺一点儿了。

---

① 孔子曾经问弟子子贡："你和颜回谁更厉害？"子贡说："我怎么敢和颜回比？颜回听到一件事就能推晓十件事，我听到一件事只能推晓两件事。"

进 退 无 据

前进和后退都失去了依据。形容无处容身。也指进退两难。同"进退失据"。

造　句：	此刻，王小明进退无据，脑中一片空白，只能机械地点点头。
近义词：	左右为难、进退维谷
反义词：	进退有常、进退裕如

---

① 这个故事的原文里还有成语"不夷不惠"（夷，指伯夷；惠，指柳下惠。不做伯夷也不学柳下惠。比喻折中而不偏激）、"盛名之下，其实难副"（副，符合。名望很大的人，实际的才德常常很难跟名声相符）、"闻一知十"（听到一点儿就能理解很多。形容善于类推）。

〖 豺狼当道 〗

《资治通鉴·汉纪四十四》

丁卯，遣侍中河内杜乔、周举，守光禄大夫周栩、冯羡，魏郡栾巴、张纲、郭遵、刘班分行州郡，表贤良，显忠勤；其贪污有罪者，刺史、二千石驿马上之，墨绶以下便辄收举。乔等受命之部，张纲独埋其车轮于雒阳都亭，曰："豺狼当路，安问狐狸！"

译　文

丁卯（二十一日），朝廷派遣侍中河内人杜乔、周举，代理光禄大夫周栩、冯羡，魏郡人栾巴、张纲、郭遵、刘班，分别到各州郡进行视察，表扬有德行和忠于职守的地方官吏。对于贪赃枉法的人，属于刺史、郡太守等二千石以上的官吏，将他们的罪行用驿马迅速上奏朝廷；属于县令、县长及以下的官吏，便就地直接逮捕法办。杜乔等人接受使命后出发到各州郡，唯独张纲把车轮埋在洛阳城的都亭，他说："现在豺狼横在道路中间，怎么反而去问狐狸？"

张纲埋车轮

在一大批有德有才的能人中，顺帝觉得最顺眼的，还是他的老丈人梁商。梁商通晓儒家经典，为人谦虚恭谨，虽然沾了皇后女儿的光，成了皇帝眼前的大红人，可他时刻不忘为国分忧，汉阳人巨览、上党人陈龟，以及李固、杨伦都是经他举荐入朝为官的。

顺帝因此更加器重梁商，要封他为大将军。梁商不希望外人说三道四，就声称自己有病，坚决推辞。僵持了一年后，顺帝派人带着策书直接到梁府宣布任命，梁商迫不得已，接受了职位。

此后，梁商行事越发谨慎。不过，他有个弱点，就是性格过于柔和，没有能力整顿法纪，也管不好自己的家人，尤其是儿子梁冀。

梁冀原本只是一个爱吃喝玩乐的纨绔子弟，仗着妹妹和父亲的关系步步高升，竟然当上了河南尹①。在任期间，他骄横放荡，干了很多违法乱纪的事情。

洛阳县令吕放是梁商的亲信，他担心梁冀这样下去会败坏梁商的名声，就将事情报告给梁商。梁商就把梁冀找去，训了一通。梁冀因此对吕放怀恨在心，派人刺死了吕放。事后，他怕父亲发现，就嫁祸给吕放的仇家，还假惺惺地请求任命吕放的弟弟吕禹为洛阳县令，之后就大张旗鼓地追杀吕放的仇家，血洗了对方整个宗族以及门客共一百多人。知道这件事情真相的人无不惊骇。

---

① 京都洛阳所在的河南郡长官，主管京都事务。

等到梁商去世，梁冀便承袭了父亲的官爵，成为大将军，他的弟弟梁不疑则接任河南尹。大权在握的梁冀，更加无法无天了，他对上欺瞒皇帝，对下压迫群臣，朝廷内外对此议论纷纷。

有个叫张纲的御史，在和同僚们说起此事时，愤慨道："邪恶的小人充满整个朝廷，如果我不能为国家扫除祸患，活着有什么意义！"

张纲是西汉留侯张良的后代，父亲张晧官至廷尉。虽然出身于官宦世家，张纲却并不骄纵，反而格外注重修养，生活极其简朴，经常像普通平民一样穿着布衣。他对外戚专权早就深恶痛绝，见梁冀当上大将军后越来越过分，就上书痛斥："这些外戚没有功劳，却得到高官厚禄，希望陛下清除这种小人，多关心困苦的百姓。"但是，顺帝并不理会。

不过，为了安抚百姓，顺帝决定派侍中杜乔、周举、张纲、栾巴等人到各州郡巡视，了解地方民情，纠察贪官污吏。杜乔等七名大臣都官高位尊，久负名望，唯有张纲年纪最轻、官位最低。

能代表皇帝去视察地方是一件很荣耀的事，亲朋好友听说后，在洛阳城外的都亭为张纲饯行。其中一人端起酒杯，敬道："张兄这次外巡，回来肯定能受重用，我祝您前程似锦。"

张纲接过酒，一饮而尽，转身吩咐左右："将车轮打碎，就地埋了！"

众人正高兴着，忽然听到这话，不由得面面相觑，不知张纲何意。

只听张纲毅然说道："豺狼当道，抓那些偷鸡吃的狐狸管什么用？就算把地方上的贪官污吏全办了，也解决不了根本问题。我把车轮埋在这里，不外巡了。这次就算被革职，我也要把朝廷里的豺狼一个个揪出来。"

　　张纲回到府中，马上草拟奏章，弹劾大将军梁冀和河南尹梁不疑的十五条罪状，认为他们犯的都是触犯国法的重罪，不杀不足以平民愤。消息传开，整个京城都震动了，一些正直的大臣暗暗为张纲捏了一把汗。

　　顺帝知道张纲说的大多数是事实，但他宠爱梁皇后，又忌惮手握大权的梁冀，所以他对张纲的奏章既不采纳，也不降罪。

　　跋扈惯了的梁冀自然又气又恨，真想马上将张纲大卸八块。但是，张纲为人清正，朝中很多大臣都向着他，梁冀不敢明着来，便暗中找机会报复。

　　当时广陵的地方官腐败无能，百姓的日子过不下去了，纷纷起来造反。其中有一支由张婴领导的起义队伍，人数有好几万，他们攻占了广陵城，还杀了刺史。当地官府招架不住，连忙向朝廷告急。

　　老奸巨猾的梁冀立马想出了一条借刀杀人的妙计，举荐张纲为广陵太守，顺帝自然不会反对。

　　张纲就这么来到广陵，他了解到前几任太守都以威逼施压的方法对付张婴，便改弦易辙，只带十几名随从，亲自去张婴的营寨中慰问。

　　半路上，有的随从害怕，对张纲说："我们就这么前去，恐怕性命不保，不如现在返京，请皇上发兵剿匪。"

　　张纲凛然道："你们知道梁冀在京城干什么吗？他正磨刀霍霍，要是我现在回去，马上会因为剿匪不力，成为梁冀的刀下鬼，连向皇上申辩的机会都没有。我没有退路，广陵即便是刀山火海，也只能闯一闯了。"

　　"大人是一文弱书生，那张婴出身草莽，一定凶残无比，万一……"随从更加忧虑了。

　　张纲笑道："古往今来，多是官逼民反，张婴他们造反，肯定也有不得已的苦衷。我这次前去，只和他们讲道理，他们或许会放下刀枪，回家种田的。"

早先张婴听说新任太守张纲是因为得罪了梁冀才被派到广陵的，就已经对他心生了一份敬意，如今见张纲仅带了十几名随从前来，更觉得这人不简单，于是出寨相会。

张纲开门见山地说："我来广陵，目的是惩罚贪官污吏，不是与百姓为敌。过去几任太守贪婪残暴，你们才愤而起兵。他们的确有罪，但你们这样做也不符合大义。你们只要放下武器，接受朝廷招安，我一定保证你们安居乐业。"

张婴哈哈一笑，说："广陵哪有什么贪官污吏，全让我杀了，这里的百姓从此由我的几万人马保护，张大人你还是回去吧。"

张纲也笑道："几万人马，听起来是不少，但是与朝廷的百万大军对抗，无异于自取灭亡。要是你执迷不悟，朝廷一定会派大军前来镇压，到时候，你这几万人马哪里保得住？"

张婴顿了顿，又淡淡说道："我既然敢起兵，就不怕死，我手下的兄弟们也一样。我敬你是条汉子，今天就不杀你了。快快回京去搬救兵吧！"说完转身要进寨。

见张婴不为所动，张纲大声喝道："张婴，你口口声声说保护百姓，其实压根儿就没为百姓考虑。朝廷兵马一到，这一带的老百姓也会跟着遭殃。而且打败你之后，梁冀继续派他手下的贪官来当太守，老百姓的日子只会比以前更难过！"

显然，这番话触动了张婴，他停住了脚步，并慢慢地回转身来，走到张纲跟前说："我们因为日子过不下去，才聚众造反。今天听了您的开导，我也很后悔。可是，我们毕竟杀了朝廷命官，这是满门抄斩的大罪，我怕朝廷秋后算账啊……"

张纲握住张婴的手，诚恳地说："放心，只要你们归顺，朝廷既往不咎，我张纲愿以性命担保。"

张婴感动得已经说不出话来了，只是一个劲点头。第二天，他就带着部众投降了。张纲也没有食言，他连夜向朝廷上书，请求赦免张婴等人的死罪。顺帝准奏了。

其他起义军听说后，受到触动，也纷纷归降。轰动一时的广陵叛乱就这样奇迹般地平息了。朝野上下都欢欣鼓舞，只有梁冀气得干瞪眼。

其实，像张纲这样有才能、有政绩的官员，当时东汉朝廷还有不少，比如冀州①刺史苏章。苏章的辖区内有一名太守，贪赃枉法，罪行累累，苏章准备给他定罪。可是偏偏此人是苏章的好朋友。怎么办呢？苏章就把他请到家里吃饭。

席间，两人饮酒聊天，说起当年的情谊，气氛特别好。太守很高兴，以为自己找到了保护伞，就得意忘形地说："苏兄啊，我真是命好呀。别人头顶只有一个天，唯独我有两个天！"

苏章却说："今天晚上，我跟老朋友喝酒叙旧，这是私情；明天，冀州刺史调查案情，则是国法。"

第二天，苏章在公堂上历数那名太守的罪行，并当场免了他的官职，将他关进大牢。冀州境内的官员都被震慑到了，从此官场风气焕然一新。

如果顺帝能重用张纲、苏章这样的清官，或许东汉朝政不会陷入混乱。可惜顺帝忠奸不分，一味宠信梁冀这样的小人，最终使东汉走上下坡路。

---

① 西汉武帝时置，为十三刺史部之一。辖境相当于今河北中、南部，山东西端及河南北端。

成语学习 ①

豺 狼 当 道

当道，横在道路中间。比喻坏人当权。

造　句：	在豺狼当道的旧社会，老百姓过的是食不果腹、衣不遮身的苦日子。
近义词：	暗无天日
反义词：	舜日尧年

---

① 这个故事的原文里还有成语"鱼游釜中"（鱼在锅里游。比喻处境危险，快要灭亡）。

【 作威作福 】

《资治通鉴·汉纪四十四》

山陵未成，违矫旧政，善则称己，过则归君；斥逐近臣，不得侍送。作威作福，莫固之甚矣！夫子罪莫大于累父，臣恶莫深于毁君，固之过衅，事合诛辟。

译 文

冲帝的陵园还没有建成，就改变原来的朝政，将功劳归于自己，过失归于君王。排斥逐退皇帝身边的近臣，使他们不能侍奉送葬。要说凭借职位，滥用权力，独断专横，没有比李固更厉害的了！做儿子最大的罪恶，莫过于连累父母；做臣子最大的罪恶，莫过于诽谤君王。李固犯下这么大的过错和罪恶，应当千刀万剐。

"真是个跋扈将军！"

公元 144 年，当了近二十年皇帝的汉顺帝刘保死了，即位的是他才两岁的儿子刘炳，即汉冲帝。皇后梁妠成为皇太后，临朝摄政。

谁知才过了半年，冲帝就死了。太尉李固就对梁太后的哥哥、大将军梁冀说："为国家大计考虑，新皇帝应当选择年长、有道德、有能力的人。"

李固是司徒李郃（hé）的儿子。他年轻时不想让人知道自己的家世，就改名换姓，到太学读书，之后又跋山涉水，寻访名师，从而成为当时的大儒。梁商听说了他的名声，就聘他为幕僚。后来，因为成功平息荆州、泰山郡的叛乱，李固被提拔为大司农、太尉。

鉴于汉和帝之后，即位的皇帝大多是孩子，通常由太后临朝执政，而太后往往将朝政大权交给娘家人，以致外戚专权，邓氏、阎氏都是如此，李固担心冲帝一死，梁太后和梁冀也这么干，所以想要阻止。

然而梁冀根本不将李固放在眼里，自然不会听从他的建议，而是立刻进宫与梁太后商量新皇帝的人选，并最终拥立年仅八岁的刘缵即位，为汉质帝。

令朝野欣喜的是，安葬冲帝后，梁太后将朝政大事交给李固等人处理。李固提出的建议，梁太后大都采纳，不少作恶的宦官因此被排斥和遣退。他又查出顺帝时任命的官员中，有许多没有遵照常规的等级次序，便向梁太后奏报，结果有一百多名不合格的官吏被

免职。天下人都很高兴，期望政治风气能焕然一新。可是，大将军梁冀对此深恶痛绝，琢磨着要整整李固。

先前被李固免职的那些人，出于对李固的怨恨，也想迎合梁冀，就联名写信诬告李固："李固这个人，别看他装得像秉公办事的样子，其实是假公济私，大肆培植自己的党羽。先帝尸骨未寒，他就急着改变原来的制度，要论作威作福，没有人比李固更厉害的了！这种人，就应该千刀万剐。"

奏章呈上后，梁冀还特地进宫面见梁太后，要求交给有关部门查办，但梁太后没有听从，这让梁冀悻悻不已。

不久，又发生了一件让梁冀恼怒的事。梁冀长相丑陋，满脸横肉，眼睛像豺狼一样倒竖着，让人看了害怕。而且，他说话做事骄纵霸道，在质帝面前也不知收敛。质帝虽然年幼，却聪明伶俐，每次看到凶神恶煞的梁冀，都很厌恶。有一次，当着文武百官的面，质帝指着梁冀说："真是个跋扈将军！"梁冀气得肺都要炸了，又不好发作。回去后，他就动起了毒杀皇帝的心思。

第二天，梁冀就将毒药藏在饼中，亲自进宫献给质帝。质帝毫不提防，接过饼就咬，不一会儿，他就捂着肚子喊疼。

侍从见情况不妙，赶紧把李固找来。李固见质帝脸上豆大的汗珠直冒，双眼闭着，身子扭成一团，慌忙问："皇上您怎么了？"

质帝有气无力地说："我刚吃了块饼，肚子就疼得厉害，现在口干极了，我要喝水……"

侍从正要倒水，梁冀眼一瞪，说："千万不能喝，喝了水他会呕吐，万一有什么三长两短，小心你的脑袋！"

侍从只得退到一旁，眼睁睁地看着质帝在床上打了几个滚，然后断了气。李固怀疑质帝是被梁冀毒死的，苦于没有证据，只好伏在质帝身上痛哭。

梁冀担心自己下毒的事被人发现，为了转移众人的注意力，他匆忙召集公卿，商量新皇帝的人选。李固等人都认为，清河王刘蒜德行高尚，皇家的血统又最尊、最亲，应该立他为皇位继承人。而梁冀心目中的人选是汉章帝的曾孙刘志。刘志当时正好来到洛阳，打算娶梁冀的另一个妹妹梁女莹为妻，偏巧遇上质帝驾崩。

梁冀见群臣的意见和自己不同，十分不快，便宣布散会。这天晚上，梁冀还在为白天的事生气，宦官曹腾等人突然前来求见，对梁冀说："将军几代都是皇亲国戚，又掌握朝廷大权，宾客满天下，难免会有一些过失和差错。清河王为人明察秋毫，如果立为皇帝，那么将军不久就会大祸临头了！"

曹腾为什么要说刘蒜的坏话呢？原来，有一次曹腾去拜见刘蒜，刘蒜态度很冷淡，曹腾就此恨上了刘蒜，自然不愿意他当皇帝。

经宦官们这么一劝，梁冀就打定主意立刘志为帝。第二天，他重新召集三公九卿讨论。梁冀在会上声色俱厉，一定要立刘志，司徒胡广和司空赵戒等人都害怕得发抖，齐声说："我们听大将军的！"唯独李固坚持原来的主张。梁冀大怒，干脆让梁太后将李固免官了。

最终，十五岁的刘志即位，也就是汉桓帝。梁太后仍然临朝听政，将朝政交给太尉杜乔等人打理。

自从李固被免官后，朝野都非常沮丧，群臣从此噤若寒蝉，只有杜乔一身正气，不肯向梁冀屈服。因此，天下人都寄希望于他。

梁冀拥立有功，桓帝对他感恩戴德，给他无数封赏，又册封梁女莹为皇后。梁冀想摆摆谱，打算用厚礼迎亲，杜乔却说不合典章。后来，梁冀想让自己的心腹当尚书，杜乔因为此人曾经犯过贪污罪，坚决反对。梁冀恨透了杜乔，找了个借口把他的官也免了。

李固、杜乔虽然被免官，但是梁冀不打算放过他们，命人罗织罪名诬陷他们谋反。梁太后知道杜乔一向忠直，不肯处置他，梁冀就将李固下了大狱。

李固的学生王调等人就到宫门前为他喊冤。梁太后迫于压力，只好释放李固。李固一出狱，他的学生们欢天喜地迎上去，簇拥着他往家里走，经过洛阳街市时，老百姓欣喜若狂，高呼万岁。

梁冀听说后大为震惊，生怕将来李固的声望、地位会威胁到自己，便再次对梁太后说："李固笼络人心，图谋不轨，还是早点儿除了他，免得祸害我们梁家。"梁太后被他这么一吓，就同意了。于是，李固再次被抓，并很快死在狱中。

随后，梁冀又派人威胁杜乔："李固都死了，你应当快点儿自杀，免得你的妻儿遭殃。"杜乔不理他。梁冀恼羞成怒，第二天就派人把杜乔抓起来杀了。

除去了两个心腹大患，梁冀可舒坦了。这下满朝文武，再也没人敢出来说半个"不"字了。

两年后，梁太后得了重病，还政给桓帝后就去世了。梁太后虽死，但梁冀的另一个妹妹梁女莹是桓帝的皇后，所以朝中大小事还是梁冀说了算，甚至桓帝的生活起居、细微小事都在他的掌控中。久而久之，桓帝就有点儿恼火，却一直忍着。

谁知梁冀做事越来越过分。有一年出现日食，桓帝就问太史令陈授："这次日食是什么原因导致的？"陈授说："出现日食灾异，罪过在于大将军梁冀。"梁冀得知后暴跳如雷，让洛阳县令将陈授逮捕下狱，最后拷打致死。桓帝越发恼恨梁冀。

延熹二年（公元 159 年），梁皇后突然死了。这让梁冀有点儿发慌，因为当时桓帝宠爱邓贵人[①]，对她的家族非常优待，还封邓贵

① 邓绥太后的侄孙女。

人的母亲为长安君。梁冀害怕邓贵人的母亲一族日后会影响梁家的专权，他脑子一热，竟然派人去刺杀长安君。长安君事先得到消息，惊慌失措地进宫告诉邓贵人。邓贵人又跑到桓帝跟前哭诉。这下彻底把桓帝惹火了，他打算诛灭梁冀。

这天，桓帝避开梁冀的耳目，单独叫忠心耿耿的小黄门唐衡陪自己上厕所。见四下无人，桓帝低声问唐衡："宫中的宦官有谁与皇后娘家不合？"

唐衡会意，低声说："中常侍单超、小黄门左悺（guàn）和梁不疑有仇。还有中常侍徐璜、黄门令^①具瑗，私下对皇后娘家人的骄横十分愤恨，只是不敢明说。"

桓帝便悄悄将这五个人召入内室，商定了行动计划。为了表示决心，桓帝还把单超的手臂咬出血，让大家盟誓。

到了行动那天，桓帝亲自来到前殿指挥。他召集各部尚书进宫，命令他们带人持符节、执兵器守卫官署，又召来司隶校尉^②张彪，调发军队，包抄梁冀的大将军府。

梁冀胡作非为十几年，得罪的人实在太多了，人们恨透了他，就连平时跟随梁冀的人都纷纷倒戈。梁冀知道自己罪恶滔天，必死无疑，就自杀了，其宗族被一网打尽，包括他们在朝廷和地方上的亲戚，不论男女老幼，全都押往闹市斩首。

由于事情发生得太突然，大街小巷犹如鼎中的开水一片沸腾，老百姓奔走相庆，过了好多天才平静下来。

---

① 负责管理宫中的宦官。
② 负责维持京城及附近地区的治安，对犯法者，无论皇亲国戚、大小官员，都有捕杀的权力。

成语学习①

作威作福

原意是只有君王才能独揽权威，行赏行罚。后泛指凭借职位，滥用权力，独断专横。

造　句：这个坏蛋被关进监狱，再也不能作威作福了。	
近义词：飞扬跋扈、横行霸道	
反义词：安分守己、奉公守法	

---

① 这个故事的原文里还有成语"搔首弄姿"（搔首，抓头。形容装腔作势，卖弄风情）。

〖 澄清天下 〗

《资治通鉴·汉纪四十六》

尝为清诏使，案察冀州，滂登车揽辔（pèi），慨然有澄清天下之志。守令臧污者，皆望风解印绶去；其所举奏，莫不厌塞众议。

译　文

范滂曾经担任清诏使，到冀州巡视考察。出发时，他登上车，手揽缰绳，慷慨激昂，大有整肃政治，清除奸佞，使天下复归太平的壮志。贪赃枉法的郡太守和县令、县长一听说范滂要来巡察，都自动解下印信，辞职离去。凡是范滂检举和弹劾的，全都符合众人的愿望。

见一面如登龙门

诛杀梁冀后，憋屈了十几年的汉桓帝刘志打算好好治理国家，便让德高望重的太尉黄琼主理朝政。黄琼马上弹劾各州郡的贪官污吏，一下子将十多人处死或流放，老百姓都拍手称快。

当时，受梁冀牵连被诛杀的朝廷高官有数十人，整个朝廷空了一半。黄琼于是征聘天下贤才出来当官，名士范滂最先被他征召为属官。

范滂从少年时起，便以耿直清傲闻名。他曾经担任清诏使①，到冀州巡视考察。出发那天，他昂首挺胸地登上马车，手执缰绳，极目远眺，旁人见了都赞道："好一派澄清天下的气魄。"

冀州的贪官污吏听说范滂要来，纷纷丢下官印逃跑。经过一段时间的巡察，冀州地区的官场风气清正了许多。

这次做了黄琼的属官，范滂依然不改铁腕除恶的气魄。桓帝让三公府的属官检举有问题的官员，大家都很小心，生怕得罪高官，影响前程，只有范滂毫无顾忌，一连弹劾了二十多名刺史和享有两千石俸禄的高官。

主管官员责备他说："怎么一下子弹劾这么多人，你是不是和他们有过节？"

范滂理直气壮地回答："我弹劾的官吏，如果不是奸邪暴戾、残

---

① 三公（太尉、司徒、司空）府的属官，奉命出使某地察举诏书中指定的事。在府称清诏掾，出使时称清诏使。

害百姓，我怎么可能让他们来玷污我的奏章呢？这些人都是急需查办的，还有一些没有查清，等调查核实后再弹劾。我听说，庄稼人除去杂草，庄稼才能茂盛；忠臣铲除奸人，天下才能清平。如果我的弹劾有差错，我愿意被严刑处死。"

主管官员于是不再质问，不过范滂却觉得官场险恶，自己难以实现抱负，就辞官回家了。

也有人和范滂想法不一样，越是世道艰险，越要迎难而上，那就是新任尚书令陈蕃。

陈蕃从小就胸怀大志。十五岁那年，陈蕃父亲的老朋友薛勤来拜访。陈父叫陈蕃出来见客时，发现他的屋子凌乱不堪，便训斥道："屋子这么脏乱，怎么不打扫干净迎接客人呢？"

陈蕃眉毛一扬，胸膛一挺，理直气壮地说："大丈夫在世，应当扫除天下的灰尘，哪能只顾扫自己的一间屋子呢？"

薛勤没想到陈蕃年纪虽小，竟有如此大的志向，便高兴地对陈父说："这孩子将来定会有一番作为啊。"

果不其然，陈蕃长大后踏上仕途，先后担任议郎、乐安太守等职，一直以扫除奸佞为己任。

陈蕃刚接手尚书台的工作，就向桓帝推荐徐稚等隐士。徐稚谦恭节俭，只吃自己劳动得来的食物。陈蕃从不接见宾客，唯独徐稚来时，会特地为他摆设一张坐塌，他一走，陈蕃就把坐塌悬挂起来。

桓帝知道这些隐士都是有才德的人，就给他们每人送了一辆安车[①]和其他贵重的礼物，但他们都不肯接受，拒绝入朝。

桓帝倒也不在乎，觉得自己身边反正有忠诚可靠的宦官可以用，那就是帮助他铲除梁冀的单超、徐璜、具瑗、左悺、唐衡。这五个

---

① 古代多是车篷高、供立乘的车，叫高车。而安车则是可以坐乘的两轮高级马车。

人全都被桓帝封了侯，世称"五侯"。

不过，桓帝看走眼了，这几个人得势后也不比梁冀好到哪儿去，他们贪婪放纵，尽干些肮脏的勾当。人们因此感叹，权力不过是从外戚手里转到宦官手里罢了。

白马县的县令李云看不下去，便向桓帝上了一道奏书："梁冀独断专行，残害天下，如今被诛灭，不过是让家奴掐死他罢了，然而陛下却将家奴封为列侯，给他们高官厚禄。他们仗着手里有权，接受贿赂，随意任命官员。孔子说：'帝者，谛^①也。'陛下您难道'不谛'吗？"

桓帝非常生气，下令逮捕李云，并命人严加拷问。

弘农郡有个叫杜众的官员，对李云忠心进谏却获罪感到十分痛心，上书说："我愿意和李云同日受死。"

桓帝气得不行，把杜众也打入大牢。结果，他怒气还没消，又来了一个不怕死的：陈蕃。

陈蕃也上了一份奏书："李云说话耿直，冒犯了皇上，可是他的本意是效忠国家。假如皇上现在杀了李云，恐怕世人会将这件事跟残暴的商纣王挖比干^②的心联系起来……"

他这么一带头，太常杨秉等人也跟着上书求情。桓帝怒不可遏，将陈蕃、杨秉等人全部免官，后来在宦官的挑拨下，又把李云、杜众给杀了。

太尉黄琼心灰意冷，称病不再上朝。桓帝迫于舆论的压力，只好把陈蕃召回来，升为光禄勋。

陈蕃虽然回来了，可是他的上书，桓帝大多置之不理。因为桓帝还是信不过陈蕃这些士大夫，在他心里，宦官最可靠，尤其是

---

① "谛"的意思是"审核"。
② 比干是商纣王的叔父，他见纣王荒淫暴虐，常常直言劝谏，却被纣王挖了心。

"五侯"，所以对他们掏心掏肺地好。单超死后，桓帝赐给他御用的棺木和玉衣，并调发五营的骑士，为他修筑坟墓。

剩下的"四侯"从此更加骄横跋扈，穷奢极欲，连家里的仆人外出都乘坐牛车，有骑马的卫士跟随。他们的兄弟、亲戚在地方上做官，搜刮起百姓来，和盗贼没有两样。

徐璜的侄子徐宣做了下邳县令，看上前汝南郡①太守李嵩的女儿，要娶回家做妾，但遭到李家人的拒绝。恼怒的徐宣便带着一帮人冲进李家，把李嵩的女儿抢了回去。李嵩的女儿拼命反抗，徐宣火冒三丈，把她绑在柱子上毒打了一顿，但她还是不答应。徐宣便让人摆上一桌酒菜，并取来弓箭，把李嵩的女儿当箭靶，他每喝一口酒，每吃一口菜，就朝她射一箭，直到将她射死。

李家人到处递状子申冤，可没有一个人敢管这件事。东海国②宰相黄浮是块硬骨头，听说这件事后，马上逮捕了徐宣。他的属官吓坏了，劝道："徐宣背后有大靠山，咱们惹不起。"黄浮怒道："徐宣这种害虫，必须杀！"当即将徐宣斩首示众。

徐璜自然不会放过黄浮，他跑到桓帝面前哭诉。桓帝勃然大怒，下令将黄浮逮捕下狱。此时已经升为太尉的陈蕃马上联合几名大臣，上书劝说："徐宣死有余辜。陛下应该把身边那些邪恶的宦官赶出宫去，不要让他们参与朝政，这些人都是危害国家的毒瘤。"

奏书递上去后，桓帝不理不睬。宦官们知道后，更加痛恨陈蕃，就变着花样整他。陈蕃送上来的奏章，他们都假借桓帝的名义严加谴责，然后退回。陈蕃的许多下属接二连三被宦官治罪，只有陈蕃因为声望很高，他们才暂时不敢加害。

当时和陈蕃一样清正的高官还有不少，其中河南尹李膺名声最

---

① 治所在今河南上蔡西南。
② 东汉的一个封国。

响。有个叫羊元群的，在太守任上被罢免，便把自己贪赃枉法得来的东西全都运回家。李膺发现后，向朝廷上书，请求审查羊元群的罪行。羊元群向宦官们行贿疏通，李膺竟被宦官们指控为诬告。陈蕃多次向桓帝上书为李膺申辩，桓帝才免了对他的刑罚。

后来，李膺被任命为司隶校尉，有权捕杀任何犯法者，无论皇亲国戚、大小官员。他首先就拿宦官开刀。

小黄门张让的弟弟张朔在担任野王县的县令时，贪污残暴，祸害百姓。李膺要办他，他吓得逃回京城，躲在张让家的合柱中。李膺带人闯进张府，破开合柱，将张朔捉拿归案，拿到供词后，立即处决了他。

张让跑到桓帝跟前喊冤，桓帝就责问李膺："为什么不上报就杀了张朔？"

李膺凛凛答道："从前孔子担任鲁国的大司寇①，七天便把少正卯②处决，而我到任已经十天，还担心自己动作太慢，没想到竟会因为行动太快受到责备。"

因为张朔已经招供，桓帝也拿李膺没办法。大小宦官听说后，都变得老实起来，连休假日也不敢出宫。桓帝觉得很奇怪，问他们怎么回事。众人一齐跪地哭泣道："我们害怕司隶校尉李膺。"

这件事后，李膺的声望一天比一天高，太学生都以能被他接纳或接见而自豪，称之为"登龙门"。他们经常聚在一起议论朝政，品评公卿大臣，以致形成风气，很多朝廷大臣害怕"差评"，都争先恐后和他们结交，也因此招来了历史上著名的"党锢（gù）之祸"。

事情的始作俑者是一位叫张成的河南人，他精通占卜术，不但与宦官来往密切，连桓帝也向他询问吉凶。有一天，张成从宦官那

---

① 职责和司隶校尉一样，负责追捕盗贼、依法诛杀犯法的大臣等。
② 春秋时鲁国的大夫。

儿听来消息后，就对人吹嘘说自己预测到朝廷要颁布大赦令了。为了证实自己有未卜先知的本事，他竟然让自己的儿子去杀人，李膺就把他儿子抓了起来。果然，朝廷没过多久真的大赦天下。李膺非常愤怒，不但没有赦免张成的儿子，还把他们父子俩一块儿斩了。

这下给宦官们找到报复的机会了，他们恨透了李膺和那些太学生，因为在这些读书人的眼里，宦官全是小人。于是，宦官们便指使张成的徒弟牢修上书，控告"李膺等人互相标榜，结成朋党，诽谤朝廷，扰乱风俗"。

桓帝对那些读书人批评朝政早就不满了，立刻下诏逮捕"党人"。公文到了陈蕃手里时，他却退回了，说："这次搜捕的都是忧心国事、忠于国家的臣子，即使他们犯了什么错，也应该宽恕。"

桓帝更愤怒了，便直接下令逮捕李膺等两百多人。与李膺一起被捕的党人大多是名士，天下人都为他们抱不平，名将皇甫规觉得自己是英雄豪杰，这次竟然没有列入党人的被捕名单，深感耻辱，竟上书要求连自己一起治罪。

陈蕃见桓帝一意孤行，再次上书规劝，言辞十分激切。桓帝火冒三丈，干脆再次免了他的官。

澄清天下

整肃政治，清除奸佞，使天下复归太平。

造　句：历史上很多先贤都心怀澄清天下的志向。	
反义词：豺狼当道	

---

① 这个故事的原文里还有成语"厌塞众议"（压制各种意见）、"鞠躬屏气"（指弯腰曲体，屏住呼吸，一副恭谨畏惧的样子）、"一登龙门"（龙门，传说鲤鱼跃过龙门就变成龙。指一时间飞黄腾达）、"疾恶如仇"（憎恨坏人坏事就像憎恨仇人一样）。

【 覆车之轨 】

《资治通鉴·汉纪四十八》

今不虑前事之失，复循覆车之轨，臣恐二世之难，必将复及，赵高之变，不朝则夕。近者奸臣牢修造设党议，遂收前司隶校尉李膺等逮考，连及数百人，旷年拘录，事无效验。

译 文

现在陛下不仅不担心失败的往事，反而走上使车辆颠覆的轨道上，我恐怕秦二世胡亥覆亡的灾难，将要再度降临，赵高那样的变乱，也早晚都会发生。最近，因奸臣牢修捏造出朋党之议，就逮捕前司隶校尉李膺等入狱，进行拷问，竟然牵连数百人，长期关押，却没有获得真凭实据。

名士天团覆没了

陈蕃被免官以后，文武大臣人人自危，再也没有人敢替党人求情，天下人既失望又焦虑。关键时刻，皇后的父亲——城门校尉①窦武出面了。

窦武是名臣窦融的玄孙，年轻时因为潜心经学而名扬关西，后来因为女儿当了皇后，他也踏入仕途，官拜城门校尉。他为官清廉，总是把得到的赏赐捐给太学生，还时常接济洛阳城的贫困百姓，获得天下人的称赞。

窦武虽是外戚，却洁身自爱，厌恶宦官，同情党人，于是向桓帝上了一份奏章："陛下即位以来，并没有施行过什么善政，却宠幸邪恶的宦官，纵容他们为非作歹。高祖打下的天下，后来之所以会失去，就是因为奸佞臣子专擅了朝权。现在陛下不仅不反省失败的往事，反而走到覆车之轨上来，我担心秦二世覆亡的灾难将再度降临，赵高一类的变乱，迟早会发生。最近，宦官们凭空捏造朋党之议，逮捕了前司隶校尉李膺等人，对他们严加拷问，受牵连者竟达两百多人，可是至今拿不出真凭实据。李膺等人都是忠贞爱国之士，陛下应当查清真相，尽快释放，并为他们恢复名誉。"

为了表明自己的态度，窦武随后就称病辞职，把官印奉还了朝廷。

---

① 掌京都洛阳十二城门屯卫兵，多以外戚重臣领之。

桓帝看了窦武的奏章，怒气稍稍化解，派人前往监狱审查。李膺等人故意在口供中牵连出许多宦官的子弟，宦官们害怕引火烧身，只好请求桓帝将他们放了。一向爱听宦官话的桓帝就下诏释放了两百多名党人，但禁止他们再出来做官。

对窦武的这次营救行动，天下人十分敬佩，将他与陈蕃、刘淑①一起并称为"三君"，成为名士的领袖。

半年后，桓帝就驾崩了，窦皇后成为皇太后。因为桓帝没有子嗣，窦太后就和父亲窦武商量，拥立汉章帝的玄孙、解渎亭侯刘宏为皇帝，这就是汉灵帝。灵帝当时只有十二岁，所以由窦太后临朝执政。窦太后任命窦武为大将军，并再次启用德高望重的陈蕃，让他出任太傅一职，管理尚书台事务。

为桓帝治丧期间，灵帝还没有即位，尚书们都怕做错事，便假装生病不去处理政事。陈蕃就写信责备他们："新皇帝还没登基，政事更要加紧处理，你们怎么可以在这种关键时刻推卸责任，试问你们躺在床上能安心吗？"尚书们这才诚惶诚恐入朝处理事务。

重新辅政的陈蕃决心继续之前未完成的事业，那就是诛灭危害社稷的毒瘤——宦官。为此他去拜访窦武，窦武也有此意。为了寻找更多的支持者，他们把被禁锢的党人——李膺、杜密②、尹勋、刘瑜等人，陆续召回朝中，共同参与朝政。于是，天下的士人都伸长脖子，殷切盼望太平盛世的来临。

然而，宦官们嗅出了危险的气息。他们知道朝臣们都痛恨自己，唯一能找的靠山只有窦太后，于是日夜在窦太后身边极尽谄媚之能事。窦太后本就没什么主见，哪里禁得住他们的轮番哄骗，便日益信赖他们，其中中常侍曹节、王甫几人最得宠幸，多次封爵拜官。

---

① 刘氏皇族，本无心当官，却被桓帝征召为虎贲中郎将，屡次劝桓帝遏制宦官势力。
② 字周甫。为人厚道，才华出众，因为名气、品行都与李膺相近，人们将他俩合称为"李杜"。

窦武和陈蕃觉得苗头不对，铲除宦官的心情更加迫切了。这天，朝会结束后，窦武来到陈蕃府上，商议对策。

陈蕃坚定地说："曹节、王甫等人，从先帝时起，就操纵国家大权，扰乱天下，如果不尽快杀掉他们，恐怕将来更难下手。"

窦武点头说道："诛灭宦官事关重大，我们得周密谋划！"于是又找来尹勋、刘瑜等人，商量行动计划。

正好不久出现日食，陈蕃就对窦武说："现在发生了日食天灾，人心惶惶，正好借机诛灭宦官。"

窦武希望得到窦太后的支持再行动，便进宫向她禀明情况。窦太后吃惊地说："按照祖先的典章制度，世世代代都有宦官。要杀，也只能杀犯了罪的，怎么能全都诛杀呢？"

窦武见太后不允，只好退而求其次，请求处死在宫中独断专行的中常侍管霸、苏康等人。太后同意了。过了几日，窦武又奏请太后诛杀曹节等人。窦太后想到曹节平时伺候得很周到，不忍心，事情便拖延下来。

这一拖就是三个月。八月，又出现金星冲犯太微星的异象。刘瑜懂天文，认为这是不祥之兆，就写信提醒窦武和陈蕃赶快行动。

窦武和陈蕃这才决定动手，他们先是罢免了黄门令魏彪，换成小黄门山冰，然后由山冰出面，弹劾并逮捕了长乐宫的尚书①郑飒（sà），把他关进了北寺监狱，准备审讯。

陈蕃怕夜长梦多，催促窦武说："对郑飒这种人有什么好审的，直接杀了他！"

窦武不同意，命令山冰等人连夜突击审讯，打算拿到供词再杀。郑飒受不住拷问，供出曹节、王甫等宦官的罪行。

---

① 身兼宦官、朝官双重身份，既掌管收纳奏章、草拟诏令，又可以向公卿等行政机构直接下达政令。

窦武大喜，认为有了诛杀全部宦官的理由，便奋笔疾书，写好奏章递上去，之后就出了宫，回到府中。

没想到窦武刚一出宫，一直密切关注他和陈蕃动向的宦官马上偷看了他的奏章，发现里面牵扯到很多长乐宫的人，就报告给了长乐宫的侍卫官朱瑀（yǔ）。

朱瑀气得大骂："那些犯罪的宦官当然可以诛杀，我们又没什么罪过，为什么也要将我们灭族？"他眼珠一转，对闻讯前来的宫人大声喊道："陈蕃、窦武想让太后废黜皇帝，实在大逆不道！快，找人来！"然后召集了长乐宫健壮的宦官共十七人，歃血盟誓，要诛杀窦、陈二人，又派人通知了曹节、王甫等人。

曹节立刻跑去找灵帝，对他说："皇上，情况紧急，窦武要废了您，请您赶快跟我走。"灵帝吓得差点儿哭出来，乖乖地跟着曹节走。

王甫得到消息，迅速率领卫士前往北寺监狱，杀死山冰，救出郑飒。随后，王甫又回到宫里，把窦太后给劫持了，让郑飒带人去逮捕窦武等人。

火光照亮了黑夜，大将军府前刀光剑影，郑飒大声宣读假诏书，窦武这才知道宫中发生了变故。他快步从侧门走出，直奔步兵校尉军营，跟他的侄子、步兵校尉窦绍会合，并召集起了数千将士准备抵抗。

而陈蕃这边，听说曹节他们先发制人，便率领自己的属官和学生门徒共八十多人，拔刀冲向皇宫要捉拿奸贼。

来到尚书台门前，陈蕃挥剑高呼："大将军忠心为国，有什么罪过，你们要抓捕他？"

王甫正好从宫里出来，指着陈蕃就骂："先帝尸骨未寒，窦武就企图谋逆。这是为臣之道吗？你是辅政大臣，却与窦武互相勾结。

你装模作样还去哪儿捉拿奸贼？"

陈蕃怒发冲冠，厉声呵斥，挺剑直指王甫。王甫的卫士见陈蕃正气凛然，吓得不敢靠近他，后来在王甫的催促下，最终将陈蕃捉住，押往北寺监狱。

一路上，那些宦官对陈蕃又踢又踩，嘴里还不停地骂道："死老精怪，看你还能不能挡我们的财路？"当天晚上，陈蕃就被杀害。

窦武得知消息，半晌说不出话来，他强忍住悲痛，带着将士们顽强抵抗郑飒的军队。

这时，护匈奴中郎将张奂正好被召回洛阳。曹节开始有点儿紧张，后来发现张奂不了解实情，便假传圣旨，命他率兵前去讨伐"叛贼"窦武。

经过一夜激战，当天边泛出鱼肚白时，将士们死的死，降的降，窦武和窦绍只好逃走。可是，能往哪儿逃呢？跑了半天，他俩好不容易逃到一座山上，但很快王甫也带着官兵从四面八方包抄过来。

窦武望了望山下的洛阳城，又看了看头顶的骄阳，阳光灼痛了他的眼，也灼痛了他的心：连日来，他们谋划缜密，几乎胜券在握，事情为何会走到这一步？也许，不该请示太后，以致拖延了时间；也许，应该听陈蕃的，立即杀了郑飒；也许，昨晚自己不该离开皇宫……可是，再多的后悔也无济于事……一切都结束了。他长叹了一声，举剑往脖子上一抹，倒地而亡。随后，窦绍也自杀了。

这场诛灭宦官的行动最终以陈蕃、窦武的失败告终。他们死后，宦官们大肆搜捕他们的亲族、宾客，全部加以诛杀。凡是陈蕃、窦武推荐的官员，如李膺、范滂等人，以及他们的学生门徒，甚至过去的部下，全都免官，以后也不许再出来做官。

成语学习 ①

覆 车 之 轨

　　轨，车辙。翻车的辙迹。比喻失败的教训。

造　句：我们要把这次事故当作覆车之
轨，避免再次发生。
近义词：前车之鉴

---

① 这个故事的原文里还有成语"文质彬彬"（原形容人既文雅又朴实，后形容人文雅有礼貌）。

【 望门投止 】

《资治通鉴·汉纪四十八》

张俭亡命困迫，望门投止，莫不重其名行，破家相容。后流转东莱，止李笃家。外黄令毛钦操兵到门，笃引钦就席曰："张俭负罪亡命，笃岂得藏之！若审在此，此人名士，明廷宁宜执之乎？"

译　文

张俭逃亡时，由于情况紧急，见到人家就匆匆投奔。那些人家都敬重他的名声，宁愿冒着抄家灭族的危险也要收留他。后来，他辗转逃到东莱郡，住在当地一个叫李笃的人家里。很快，县令毛钦拿着兵器来到李家。李笃将毛钦迎进屋内就座，说："张俭是朝廷重犯，我怎么会窝藏他呢！不过，假如他真的在我这里，这人敢于抗暴，知名天下，您难道非捉拿他不可？"

孔融一门争死

建宁二年（公元 169 年），洛阳城的金銮殿外，秋风肆虐，被卷起的枯叶在空中狂舞一番后，又栽落地面，一片肃杀之气。

几名宦官手捧奏章，小碎步过来，领头的是大宦官曹节。一进殿，他就向汉灵帝奏报道："有人检举李膺、范滂等人再次结党，请下令逮捕他们。"

灵帝登基才两年，对许多事情不明白，便问道："什么是结党呀？"

曹节说："就是一帮人勾结在一起干坏事。"

灵帝疑惑地问："他们干了什么坏事？"

曹节答道："他们相互推崇，图谋不轨。"

灵帝还是不理解："他们想干吗？"

曹节恨恨地说道："他们要推翻朝廷，另立皇帝。"

灵帝吓了一跳，赶紧下令："把党人全都抓起来，好好拷问！"

曹节达到目的，阴险地笑了。原来，李膺、范滂虽然已经被罢黜，但曹节对他们恨之入骨，想斩草除根，跑去和中常侍侯览商量。侯览就动起了歪脑筋，打算借机除掉他的死对头——张俭。

张俭大有来头，他的祖上是西汉初年的赵王张耳，算得上名门之后，在当地很有影响，所以成年后，顺利进入官场，当了东部督邮 ①，代表山阳郡太守翟超督察各县。

---

① 郡太守的重要佐吏，除督送邮书外，还代表郡太守督察所属各县，纠举违法，宣达教令，并兼司狱讼捕亡等事。东汉每郡分为东西南北中五部，故称五部督邮，每部置督邮一人掌其事。

大宦官侯览就是山阳郡人，侯家人仗着他的庇护，横行不法，为害乡里。侯览的母亲病逝时，侯览回乡侵占良田，为其母违规建造了一座高大的陵墓。张俭便向朝廷上书，弹劾侯览的罪行，奏书却被侯览拦截。张俭大怒，让人拆毁了侯家的陵墓、住宅，没收了侯家的财产，再次上书，却又被侯览扣压。从此，侯览和张俭算是结下了梁子。

侯览的同乡朱并是个邪恶的小人，曾经受到张俭的尖刻抨击，因此怨恨张俭。侯览就把朱并找去，让他诬陷张俭与二十四名同乡结成朋党，企图危害国家。

张俭听到风声，连夜逃出山阳郡。有人跑到李膺家，劝他说："宦官恨你入骨，你还是赶紧逃吧。"

李膺仰头一笑，说道："侍奉君王不怕艰难，冒犯圣意不逃避刑罚，这是做臣子的节操。我已经是六十岁的老人了，生死都是天命，又能逃到哪儿去呢？"不等宦官来抓，他自己主动前去投案，不久就被严刑拷打致死。

此后，每天早上，宫里都会飞奔出几匹快马，骑在马上的是带着诏书前往各地捕捉党人的官兵；到了晚上，又能看见官兵们押着党人回来。

这天，汝南郡的督邮吴导接到逮捕范滂的诏书，他来到县里，却没有去抓范滂，而是把自己关在驿馆里，抱着诏书哭泣不止。在吴导看来，范滂是清官，连他也要抓，可见朝廷腐败到何种地步，怎能不叫人绝望与悲伤呢！

正在这时，传来一阵急促的敲门声。吴导止住哭泣，抹去脸上的泪水，强作镇定地打开门。门外一个小吏报告说："范滂投案自首来了。"

吴导一听，拔腿就往县衙跑。来到衙门口，他看到一身布衣的范滂正往里走，急忙上前拦住。范滂定住脚步，深深地朝他鞠了个躬，说："吴大人如此悲伤，一定是因为我啊！请您不要再劝，我已经决定了。"说完，径直走了进去，对县令郭揖说："我来投案了！"

郭揖大吃一惊，说："天下这么大，哪里没有先生的容身之地，何苦要到这种地方来？"

范滂悲愤地说："宦党专政，朝廷腐败，天下已经没有我们这些士人的容身之地了。"

郭揖脱下身上的官袍，说："既然如此，我愿随先生一同出逃。"说完拉着范滂就往外走。

范滂摆了摆手，说："怎么能因为我的罪而连累您，又让我的老母亲流离失所呢？我死了，这场灾祸才会终结。"就此下了监狱。

范滂的母亲听说后，便带着范滂的儿子前来诀别。范滂跪在道上，向母亲拜谢养育之恩，他流着泪说："我马上要追随已故的父亲而去，我走以后，希望母亲大人忘记骨肉分离的悲痛，多多保重身体。"

范母强忍住泪水，扶起儿子，说："你现在能和李膺、杜密齐名，死也没有遗憾了！已经获得好名声，还想要长寿，怎么能两全其美呢！"

范滂再次叩头，和母亲作最后的告别。之后，他回过头，爱怜地看着哭成泪人的儿子，苦笑道："孩子啊，我想让你作恶，但恶事不该做；我想让你行善，但是，我就是行善的下场。"围观的人听了，没有不流泪的。

范滂被处死时，张俭已经逃到了鲁国，打算投奔好友孔褒。偏巧孔褒不在家，迎出来的是他那因让梨而闻名天下的弟弟孔融①。

---

① 孔融小时候就懂得把大的梨让给哥哥吃，自己吃小的，人家问他为什么这么做，他说："我人小食量小，当然选小的啦！"亲友们都非常惊讶，认为他是奇才。

孔融当时只有十六岁，张俭觉得他太年轻，不敢说明自己的处境。孔融见他神色仓皇，就说："我哥哥不在家，难道我这个当弟弟的就不能接待他的朋友吗？"就把张俭藏在家里。后来事情泄露，张俭只得继续逃亡，孔褒、孔融则被鲁国国相抓了起来。

负责审讯的官员问他们："是谁窝藏逃犯的？"

孔融抢着说："是我，请治我的罪。"

孔褒却说："张俭是来投奔我的，应当治我的罪。"

孔融兄弟是孔子的后人，在当地很有声望，负责审讯的官员很为难，就征求孔母的意见。

孔母说："一家的事，理应由家长负责，我是他们的母亲，要杀要剐都找我。"

审讯官见母子三人都争着赴死，不知道听谁的好，就上报朝廷。灵帝既惊讶又钦佩，不好意思把他们都杀了，便将孔褒诛杀抵罪，并下令继续追捕张俭。

张俭一路如丧家之犬，望门投止。那些人家都敬重他的名声，宁愿冒着抄家灭族的危险也要收留他。后来，他辗转逃到东莱郡，住在一个叫李笃的人家里。很快，县令毛钦带着人马追到李家。

李笃客客气气地将毛钦迎进屋内就座，说："张俭是朝廷重犯，窝藏他是要灭族的，我怎么会干这种事呢？"

毛钦静静地看着他，没有说话。

李笃被看得不自在，又说："不过，假如他真的在我这里，您难道非捉拿他不可？此人勇于抗暴，天下闻名。"

毛钦马上站起身来，拍了拍李笃的肩膀，说："从前蘧（qú）伯玉①以独自为君子而感到耻辱，你为什么一个人独占仁义的好名

---

① 蘧瑗，字伯玉，卫国（今河南卫辉市）人。也是孔子的朋友。春秋时期卫国大臣，以贤闻名天下。

声啊?"

李笃暗自松了一口气,说:"我今天就是要和你分享好名声呀,现在你已经得到一半了。"

毛钦叹息了一声,告辞而去。后来,在李笃的护送下,张俭顺利逃到塞外,不过,他投奔过的人家,很多因为窝藏罪被官府诛杀,甚至灭族①。

这次抓捕、杀害党人的行动前后延续了十六年之久,反对宦官集团的正直官吏和太学生几乎被摧残殆尽,东汉王朝也因此迅速走向土崩瓦解。

---

① 有个叫夏馥(fù)的就批评张俭:"一人做事一人当,怎么能连累那么多善良的人,这样活下去有什么意思?"

成语学习①

望 门 投 止

投止，投宿。在窘迫中见有人家就去投宿。比喻情况急迫，来不及选择藏身的地方。

造　句：	那几年，他被反动派追杀，很多时候只能望门投止。
近义词：	慌不择路

---

① 这个故事的原文里还有成语"各得其所"（指每个人或事物都得到恰当的位置或安排）。

〖 不次之位 〗

《资治通鉴·汉纪四十九》

初，帝好文学，自造《皇羲篇》五十章，因引诸生能为文赋者并待制鸿都门下；后诸为尺牍及工书鸟篆（zhuàn）者，皆加引召，遂至数十人。侍中祭酒乐松、贾护多引无行趣势之徒置其间，熹陈闾里小事；帝甚悦之，待以不次之位。

译 文

起初，灵帝爱好文学创作，自己撰写了《皇羲篇》五十章，遴选太学中辞赋写得好的学生，集中到皇宫的鸿都门下，等待灵帝的诏令。后来，擅长起草诏书和鸟篆写得好的人，也都加以征召引见，达到数十人之多。侍中祭酒乐松、贾护又引荐了许多擅长溜须拍马、趋炎附势之徒，夹杂在他们中间。每当灵帝召见时，他们就喜欢说些街头巷尾听来的琐碎趣事，灵帝很喜欢，于是不按照通常规定的次序，越级提拔他们。

灵帝爱闻铜臭味儿

一转眼，汉灵帝刘宏已经二十岁了，再也不是当年那个问"结党"是什么意思的孩子。然而，宦官们的权势却有增无减，灵帝把国家大事都交给他们处理，自己则挖空心思找乐子。

起初，灵帝迷上文学创作，写了整整五十章《皇羲篇》，还从太学里选了一些善作辞赋的学生，集中到皇宫的鸿都门内，随时等待召见。侍中祭酒①乐松、贾护为了讨好灵帝，就引荐了几个品行低下，却擅长阿谀奉承的人，把他们夹杂在学生中间。每当灵帝召见鸿都门下的学生时，那几个人就会说些地方上的奇特风俗，或者街头巷尾听来的琐碎趣事。灵帝在深宫长大，自小接触的都是儒家经典，从来不知道这种事情，因此听得津津有味，一高兴就破格提拔他们。

议郎蔡邕（yōng）为此很担忧，写了一份奏书，大意是说文学创作可以当成消遣，但不能当作挑选人才、任命官职的依据。蔡邕学识渊博，才华横溢，在史学、书法、音乐等方面都有很高的造诣（yì）。灵帝很欣赏他，就稍稍收敛了一些，可没过多久，他就把蔡邕的话忘到九霄云外去了，下令设立鸿都门学校，专门研究辞赋、书法、绘画等艺术。

鸿都门的学生变着花样逗灵帝开心，所以大多数都飞黄腾达，

---

① 西汉有侍中仆射，东汉改置祭酒，为侍中之长，不常置。

或派到地方当刺史，或留在宫中当侍中、尚书，有的甚至被封为侯爵。这些人又与当权者勾结起来，形成一股强大的势力。当时有节操的士人都瞧不起他们，称他们"鸿都群小"。

有一天，宫里的人看到一道黑气从天而降，冲向灵帝常去的温德殿东边的庭院里，好像一条拖着长尾巴的黑龙，翻腾几下就不见踪影。大家都很慌张，灵帝也惊得眼皮直跳。没过几天，另一座殿里又出现青色的长虹，过了好一会儿才消散。

接二连三出现异象，大家都认为是不祥之兆，灵帝就问蔡邕天降灾异的原因，以及消除的方法。

蔡邕上了份密奏，说："出现各种灾异，是上天在警告我们，朝廷上有祸害国家的小人，皇上应当远离他们，而重用敦厚的君子。谁是君子？廷尉郭禧、光禄大夫桥玄等人即是。谁是小人？是那些擅权的宦官以及与他们勾结的大臣，还有鸿都门那帮人。"

在奏书最后，蔡邕请求灵帝不要泄露他的话，否则那些忠心耿耿的大臣将会遭到邪恶小人的怨恨与报复。

灵帝还是懂得一些道理，他一边读蔡邕的奏书，一边叹息。曹节察觉到灵帝的异样，就趁他起身换衣服时偷看了奏书的内容，并告诉了程璜等宦官。这份密奏就这么被泄露了，蔡邕在奏书中提到的那些小人，都恨不得生吞活剥了他。

程璜就和女婿阳球合谋，唆使别人写匿名信诬告蔡邕，然后，他跑到灵帝跟前，添油加醋地说蔡邕如何诽谤朝廷，如何企图伤害大臣。灵帝气得咆哮，派人把蔡邕找去。

蔡邕得知缘由，叹息道："我今年四十六岁了，能够给世人留下忠臣的美名，就是死也没什么遗憾了。我只是担心自己一死，将来陛下再也听不到真话了。"

灵帝板着脸，下令将他关进监狱，准备处死。

好在宦官队伍里也有好人。中常侍吕强，为人正直，一向看不惯曹节等人，就在灵帝面前替蔡邕说了不少好话。灵帝这才消气，免了蔡邕的死罪，流放到朔方郡。

蔡邕遭到流放后，再也没有人站出来"多事"，说灵帝不爱听的话了。而这时汉朝边境地区的叛乱，又被名将段颎（jiǒng）等人平定，灵帝便认为天下太平，更加沉迷于玩乐。他在后宫修建了许多商铺，让宫女们打扮成商贩，吆喝叫卖，好不热闹。他还喜欢给狗打扮，狗的头上戴着文官的帽子，身上披着绶带，在大殿上踱来踱去，经常笑得他前俯后仰，嘴里说："你们快来看，好一个狗官！"有时，他还手执缰绳，亲自驾驶着四头驴拉的车子，在园内来回奔驰。京城的人争着仿效，导致驴价飞涨，几乎与马价相等。

国库里的钱哪经得灵帝这么折腾，没几年就见底了。灵帝就想了一个"妙招"，在宫中开设了一个名叫"西邸"的机构，公开出卖官爵，根据官位高低明码标价。级别高的官，价格就高，级别低的官，价格就低。相同的官职，不同的郡县，价格也不同，富裕地方的官贵一点儿，贫穷地方的官便宜一点儿。如果某个官职买的人多，可以采取竞价的方式，谁出的钱多，这个官就给谁当。没钱却想当官的人，可以先谈好价格，上任后再加倍偿还。

很快，白花花的银子就流进灵帝专门设立的钱库里。看着越堆越高的金钱，灵帝心花怒放，最后连三公九卿这样的高官也敢卖。

三公，即太尉、司徒、司空，可谓百官之首，每个"公"卖一千万；而三公下面的九卿，价格低一点儿，每个"卿"卖五百万。任你功劳再大、声望再高，要想登上公位，就得花钱买。

有个叫崔烈的名士，通过灵帝的奶娘程夫人牵线，讨价还价了一番后，花了五百万钱，当上了司徒。到正式任命那天，灵帝亲自出席，百官都来参加。灵帝见崔烈一脸的得意，忽然觉得这笔买卖做亏了，惋惜之下，便对旁边的宦官说："这个官卖亏了，应该要足他一千万。"

程夫人在旁边接过话说："像崔烈这样的名士是不肯轻易买官的。多亏了我，他才肯出这么多。再说了，他开了这个头，以后买官的名士就会多起来，这买卖不亏！"灵帝这才释怀。

崔烈虽然如愿以偿，可又怕人家说闲话，就问他儿子崔钧："我现在位居三公，外面的人都怎么看的啊？"崔钧说："您年轻时就名满天下，人们都认为您理应位居三公；现在您掏钱买官，天下人都很失望。"崔烈忙问："为什么？"崔钧老实地回答："都嫌您身上有股铜臭^①味儿。"

随着灵帝的胃口越来越大，同一个官职，他会反复售卖。比如，宦官曹腾的养子、大司农曹嵩出价一亿钱买"公"位，那个买官才两年的崔烈便被罢免，五百万钱也不知是否赚了回来。然而，过了几个月，曹嵩也被罢免了，让位给比他出价还高的人。

灵帝还不满足，想再搞出一些敛财的名目来。有一次，南宫发生火灾，宦官们便给灵帝出主意，对全国的耕地加收田税，每亩十钱，用来修宫室、造铜人，美其名曰"修宫钱"。后来这个修宫钱又落到刺史和俸禄在二千石以上的官员头上，规定他们在升迁赴任时，都要交纳修宫钱。大郡的太守，通常要交两三千万钱。

而新委任的官员，则要先敲定应交纳的钱数，然后才能赴任。有些正直的清廉之士，为了不受良心谴责，宁愿不当官。

不当官是不是就可以了呢？并不是。遇到这种官员，灵帝就给他来个强买强卖。河内郡人司马直被灵帝任命为巨鹿郡太守，他交不出钱，也不想上任后盘剥百姓，就不想当这个官。灵帝生怕到手

---

① 古代的钱都是金、银、铜制成的，尤其是铜。铜本身并没有气味，但它与空气中的氧气、二氧化碳和水等物质发生了反应，生成一种叫铜绿的物质，就有了不好闻的气味。原用"铜臭"来讥讽用钱买官者，后常用来讽刺唯利是图的人。

的卖官钱飞了，心想，交不出那么多，就少交点儿呗，便特批减少了三百万钱，逼着司马直上任。

司马直接到诏书，愤怒地说："当官是为民做主，如今却让官员盘剥百姓，叫我怎么忍心？"他越想越悲愤，便写了一篇抨击卖官鬻（yù）爵的奏章，然后服毒自杀。

灵帝看到司马直的奏书，虽然有所触动，暂时停止征收修宫钱，但卖官的节奏却一刻都没停。

那些花了巨款买官的人，到任后，首先想的就是把买官的钱赚回来。怎么赚？自然就是盘剥老百姓。老百姓的日子本来就苦，现在更苦了。眼瞅着日子实在没法过，各地农民就起来造反了。

成语学习①

不 次 之 位

次，顺序；位，职位。指对于有才干的人不拘等级授予重要职位。

造　句：	那些能得到不次之位的人，往往在某些方面有出色的表现。
近义词：	不次之迁

① 这个故事的原文里还有成语"恻隐之心"（形容对人寄予同情）。

【 鸟声兽心 】

《资治通鉴·汉纪五十》

司徒掾刘陶复上疏申赐前议，言："角等阴谋益甚，四方私言，云角等窃入京师，觇（chān）视朝政。鸟声兽心，私共鸣呼；州郡忌讳，不欲闻之，但更相告语，莫肯公文。宜下明诏，重募角等，赏以国土，有敢回避，与之同罪。"

译 文

司徒掾刘陶再次上书，重提杨赐的这项建议，说："张角等人正在紧锣密鼓地策划造反，四方都在秘密传言说，张角等人偷偷潜入京城，窥探朝廷的一举一动。他言辞动听却心怀阴毒，与各地的党徒暗地里遥相呼应。州郡官员早就知情，只是怕如实上报会受到处分，才压下此事，只在私下相互间通知，不肯用公文的形式来通报。为此，我认为，陛下应当公开颁发诏书，悬重赏捉拿张角等人，以封侯作为奖赏。官员中如果有畏惧并回避此事的，与张角等人同罪论处。"

"黄色风暴"来了

光和七年（公元184年）正月，京城洛阳天寒地冻，一片肃杀之气。汉灵帝非常忙碌，他刚用车裂的酷刑处死了"太平道"的大将军马元义，斩杀了一千多名信奉"太平道"的人，并下令各州郡捉拿"太平道"的匪首张角。做完这些，汉灵帝屏退左右，此刻他的心里充满了恐慌和懊悔，他需要一个人静一静。

一年前，司徒杨赐①就上了一道奏章说："张角用妖术到处招收信徒，图谋不轨。如果强行镇压，恐怕打草惊蛇，反而促使他们提前行动。当务之急是清查各地流民，并把他们送回本乡，这样就可以削弱张角的势力。"不久，杨赐离职，这份奏章就被搁置了。

不久，司徒掾②刘陶也上书说："张角派人潜入京城，窥探朝廷动向，他鸟声兽心，与各地党徒遥相呼应，看来是要行动了，请陛下悬重赏捉拿他。"当时忙于卖官捞钱的灵帝嫌刘陶多事，就把他打发去整理图书了。刘陶的上书，也被摞在一边。

想到这里，灵帝的肠子都悔青了，可后悔有什么用呢？他强打精神，翻开最近递上来的几份关于"太平道"的奏书，仔细读了起来。他要看看，这个想将他从皇帝宝座上撵下来的张角到底是什么人。

张角是巨鹿人，会点儿法术，收了些门徒，号称"太平道"。一开始，他用念过咒语的符水③免费给老百姓治病，有些人竟然就好

---

① "关西孔子"杨震的孙子。
② 掾是东汉的一种幕僚式的官职，但是享受国家俸禄。司徒掾就是司徒的属官。
③ 溶有符箓灰烬的水。

了。这样一传十，十传百，很多人就把他奉为神仙，纷纷加入"太平道"。张角也派门徒游走四方，招纳信众，让他们坚信，跟着自己会过上好日子。渐渐地，张角的名气越来越响，四面八方的百姓都来投奔他，有的人甚至不惜卖掉家产追随他。经过十多年的发展，张角的信徒已经多达数十万，可当地的官员还以为张角纯粹是"治病

救人"，是在做善事，所以没有干涉。

张角是要救人，但不是通过治病，而是通过造反推翻朝廷，把天下百姓从苦难中解救出来。为此，他设置了三十六个方。方，就是将军，大方统领一万余人，小方统领六七千人。他宣称："苍天已死，黄天当立，岁在甲子，天下大吉。"意思是汉朝要灭亡了，时

间会在甲子年①。他命人在京城和地方的官府大门上用白土写上"甲子"二字。

按照张角的计划，由"大方"马元义等人先集结荆州、扬州两地的数万门徒，在邺城起事。为了确保起义成功，他还让马元义多次进京，与中常侍封谞（xū）等人合谋，让他们做内应，并约定时间，京城内外同时起事。

然而百密一疏，张角没想到亲信弟子中出了个叛徒。此人叫唐周，他向朝廷上书告密。汉灵帝收到密报，惊出了一身冷汗，立即下令搜捕马元义等人。

如今，马元义等人虽然被诛杀，可"太平道"的最大头领——张角还逍遥法外！想到这儿，汉灵帝不禁打了一个哆嗦："马元义一死，不就打草惊蛇了吗？"他立即放下手中的奏章，传诏下去，要求各地以最快的速度抓住"匪首"张角。

但是晚了，张角得知马元义等人被杀，立即派人日夜兼程赶往全国各地，通知各方提前起兵。

二月，各方同时起兵，张角自称天公将军，二弟张宝称地公将军，三弟张梁称人公将军。起义军头戴黄巾作为标志，因此当时人称他们为"黄巾军"。他们焚烧当地官府，劫掠城镇。各地官府无力抵抗，官员纷纷弃职逃跑。不过一个月的时间，"黄色风暴"便席卷全国，这就是历史上著名的黄巾起义。

眼看自己的皇帝宝座摇摇欲坠，汉室江山更是岌岌可危，灵帝只得打起十二分精神，先任命何皇后的哥哥、河南尹何进为大将军，统率左右羽林军以及五营将士，守卫京城洛阳。接着，他赦免了遭到禁锢的党人，免得他们和张角联合起来造反。此外，又征调全国

---

① 在中国传统历法干支纪年中，一个循环是60年，一个循环的第一年称"甲子年"。公元184年就是甲子年。

各地的精兵，命北中郎将卢植负责北方战线，与张角的主力周旋；左中郎将皇甫嵩、右中郎将朱儁（jùn）则讨伐颖川一带的黄巾军。为了让出征的将士替自己卖命，灵帝还忍痛把卖官赚来的钱拿出来赏赐。

四月，朱儁率军先抵达颖川，与黄巾军的南路将领波才交战，结果被士气正盛的起义军打败。皇甫嵩见形势不妙，火速带着几千兵马进驻长社①，固守县城。波才的反应也非常迅速，率主力军前去，将长社围得水泄不通。

官军见城外的黄巾军声势浩大，都很害怕。皇甫嵩见士气低落，心里也急，就到城头观察情况。望着下面涌动的"黄色头巾"，皇甫嵩不由得叹息了一声："难道上天要让我在长社灭亡吗？"可是，等他定睛再看时，发现黄巾军把营地驻扎在荒草遍地的坡上，顿时一阵狂喜，心里有了计策。

皇甫嵩立即召集将士，对他们说："用兵的重点不在于人数的多寡，而在于奇变。敌人的营地到处是干枯的荒草，我们只要等来大风，再以火攻，必胜无疑。"

可谓天遂人愿，这天晚上，狂风大作。皇甫嵩安排士兵们手持草束，登上城墙待命，然后命令一支敢死队带着火把，在夜色的掩护下越过包围圈，放火烧草，并高声呐喊。看到城外火起，城头的士兵们也点燃草束，与城外呼应。

一时间，火光冲天，喊声震耳，仿佛大地都在颤抖。借此声势，皇甫嵩率领一队人马从城中冲出来，高喊着"杀啊"，直捣黄巾军的大营。

黄巾军中大多数是缺乏战斗经验的流民，哪里见过这种阵势，

---

① 在今河南长葛市东。

个个惊慌失措，被迫后撤。撤退途中，又被赶来支援的骑都尉①曹操率领的军队截击。最后，在皇甫嵩、朱儁、曹操合力围击下，黄巾军大败，被斩杀了数万人。

不久，北方战线也传来好消息：卢植接连打败张角，斩杀和俘虏黄巾军一万余人，张角被迫退到广宗县②。卢植又把广宗城团团围住，命将士修筑长墙，挖掘壕沟，制造攻城用的云梯，为攻城做准备。

捷报传到朝廷，汉灵帝大喜，派小黄门左丰到广宗视察军情。有人劝卢植贿赂左丰，让他在灵帝面前说好话，却被一向刚毅清正的卢植拒绝了。左丰怀恨在心，一回到京城，就在灵帝面前说卢植的坏话："广宗城的贼寇本来很容易对付，可是卢植却让将士们躲在营里睡大觉，等着老天爷收拾张角呢！"

灵帝大怒，派人用囚车将卢植押解回洛阳，另派东中郎将、陇西人董卓代替卢植。可没过多久，就传来董卓战败的消息，灵帝急得六神无主，最后只好调皇甫嵩率军北上征讨张角。

皇甫嵩的大军到达前，张角就病死了，接替统兵的是他的三弟张梁。张梁率领的黄巾军十分骁勇，初战就将皇甫嵩打败。皇甫嵩于是关闭营门，让士兵休息，同时观察敌军的变化。

张梁接连击败卢植、董卓、皇甫嵩，渐渐地对朝廷的军队产生了轻视之心。皇甫嵩敏锐地察觉到这一点，当天晚上，他部署好军队，天刚亮就风驰电掣般地杀向黄巾军。黄巾军仓促迎战，最终大败，张梁被斩首。

皇甫嵩又乘胜斩杀了张角的二弟张宝，杀死、俘虏黄巾军十余万人。至此，北方的黄巾军主力全部被歼灭。灵帝闻讯大喜，立即

---

① 统领羽林军骑兵的武官。
② 治所在今河北威县东南。

提拔皇甫嵩为左车骑将军，并封为槐里侯。皇甫嵩把功劳推给卢植，卢植得以官复原职。

然而，黄巾军并未因北方战场失利而退缩，南阳郡的黄巾军将领张曼成围攻宛城失败，被南阳太守秦颉斩杀后，黄巾军又推举赵弘为统帅，纠集了十几万人攻占了宛城。朱儁与荆州刺史徐璆（qiú）合兵，将宛城包围起来，攻了三个多月才把宛城攻克，将赵弘斩杀。黄巾军相当顽强，拥戴韩忠为统帅，再次占据了宛城，结果又被朱儁打败，韩忠战死。剩下的黄巾军仍然不死心，在孙夏的带领下继续作战。后来，朱儁发起猛攻，痛击黄巾军，斩杀一万余人，黄巾军这才偃旗息鼓。

灵帝悬着的心总算落了地，他甚至有些自得地想：看来我刘家的江山稳稳当当嘛，只用了短短九个多月的时间，就把准备了十几年的黄巾军主力给干掉了，剩下的残余势力慢慢收拾好啦。

成语学习①

鸟声兽心

比喻言辞动听而心怀阴毒。

造　句：	这种人简直是鸟声兽心，坏透了！
近义词：	口蜜腹剑

---

① 这个故事的原文里还有成语"图谋不轨"（谋划越出常规、法度之事）。

【 授人以柄 】

《资治通鉴·汉纪五十一》

今将军总皇威，握兵要，龙骧（xiāng）虎步，高下在心，此犹鼓洪炉燎毛发耳。但当速发雷霆，行权立断，则天人顺之。而反委释利器，更征外助，大兵聚会，强者为雄，所谓倒持干戈，授人以柄，功必不成，只为乱阶耳！

译 文

如今将军身集皇家威望，手握兵权，龙行虎步，为所欲为。这时去对付宦官，犹如以炉火去烧毛发。诛灭宦官本就顺应天意与民心，只要您当机立断，发号施令，很容易达到目的。然而您如今放着手中的权柄不用，反而求助外援。等到各地大军聚集时，强者就会趁机称雄。您这样做，与倒拿武器，把手柄交给别人有什么区别呢，不仅不会成功，还会招致大祸。

外戚宦官同归于尽

汉灵帝在位二十年，是两汉历史上宦官最受宠的时期。到他统治末期，最受宠的宦官是以张让与赵忠为首的十几位中常侍，史称十常侍。灵帝将他们全部封为侯爵，甚至说："张常侍是我父亲，赵常侍是我母亲。"

黄巾起义之后，灵帝开始对军事上心，设置了西园八校尉，领头的还是大宦官——小黄门蹇硕。蹇硕身体壮健，又通晓军事，灵帝就让他担任上军校尉，统领包括中军校尉袁绍、典军校尉曹操在内的其他七人，甚至连何皇后的哥哥、大将军何进都要听他的指挥。

公元189年，汉灵帝病重，他知道自己不行了，得赶紧确立继承人。照规矩，要立何皇后生的长子刘辩为太子，可是灵帝不喜欢刘辩，觉得他为人轻佻，缺乏威仪，就想立王美人生的次子刘协，却又犹豫不决。

就这样挨到夏天，病入膏肓的灵帝已经无力主持太子的册立，临死前他把刘协托付给了蹇硕。

蹇硕知道，拥立刘协阻力很大，何皇后和她哥哥何进肯定不会答应，何进手中有兵，是个麻烦。于是，他以商议灵帝丧事为借口，请何进入宫，暗中却安排好了杀手，准备先搬掉这块绊脚石。

何进也没多想，就乘车进宫了。来到宫门前，他见前来迎接自己的是好朋友潘隐，就高兴地下了车，想上前打招呼。可是，潘隐却神情怪异，一个劲儿地朝何进使眼色。何进脑子一激灵，意识到事情不妙，立即爬回车上，抄近路回到自己的军营中，然后称病不进宫。

蹇硕没办法，只好眼睁睁地看着刘辩即位，他就是汉少帝。何皇后成为皇太后，临朝主政，让大将军何进主持尚书事务。

何进大权在握，最想干的事就是除掉曾经想谋害自己的蹇硕。袁绍就劝他说："不如借这个机会，把所有宦官一网打尽。"

袁绍出身于名门望族 ①，喜爱结交天下名士，早年与李膺等人关系密切，在"党锢之祸"中，曾设法援救被囚的党人，帮助他们逃亡，因此很有声望。

何进也知道天下人对宦官深恶痛绝，就听从了袁绍的建议，并将他提拔为司隶校尉。为了组成更大的反宦官联盟，他们又征聘了很多有智谋的人士，如荀攸（yōu）。这些人经常聚在一起商量剪除宦官的办法。

蹇硕知道何进不会放过自己，就想联合赵忠、宋典等宦官，将何进引诱入宫杀死，谁知赵忠等人为了自保，主动向何进告密。于是何进名正言顺地杀死蹇硕，接管了西园禁军。

袁绍见何进只杀了蹇硕，并没有对其他宦官动手，急得不行，又跑去对他说："之前窦武想诛杀宦官，却因为缺乏决断，最后反被宦官所杀，您千万不要走他的老路啊。现在西园禁军在您的手里，您为什么不一举消灭宦官，替天下苍生除害，让自己流芳百世呢？"

何进也想除掉所有宦官，可他刚掌权，不敢独自拿主意，于是进宫与何太后商量，却被她断然拒绝。原来，当初何太后忌妒王美人受宠，将她毒杀，灵帝一怒之下要废黜她，亏得宦官们苦苦求情，灵帝才作罢，所以何太后一直念着宦官们的好。此外，宦官们还重

---

① 袁绍是名臣袁安的后人。袁安在汉章帝刘炟时为司徒，儿子袁敞为司空，孙子袁汤为太尉，曾孙袁逢为司空，袁隗为太傅，四世居三公位，人称"四世三公"。

金贿赂了何太后的母亲舞阳君和弟弟何苗，让他们在太后面前说好话。

袁绍等了许多天，见何进仍然没动静，担心他改变主意，就又出了个主意："不如让各地的英雄豪杰率军进京，就说要讨伐宦官，太后一害怕，肯定就同意杀宦官了。"

原来黄巾起义爆发时，朝廷为了尽快平定战事，把军权下放到地方，以致不少地方的军阀豪强都手握重兵。袁绍说的就是他们。

何进觉得有道理，主簿陈琳却劝阻说："诛灭宦官是顺应天意与民心的事情，您现在手握兵权，只要一声令下，自己就可以办到，哪里需要从外面搬救兵？到时候各地大军都跑到京城来，实力强的人就会趁机作乱。您这样做，与授人以柄有什么区别呢？最终不仅不会成功，还会招致大祸。"

曹操也觉得不能征召各地军队，但何进执意采纳袁绍的计谋。

凉州军阀董卓接到何进让他带兵入京的命令，立刻率领几千人马，打着"诛灭宦官"的旗号，南下直奔洛阳。

何进又召东郡太守桥瑁（mào）屯兵在成皋，让武猛都尉丁原率领数千人进军河内郡，焚烧黄河的孟津渡口，一时间，大火熊熊，冲天的火光都照到了洛阳城中。

果然，何太后吓坏了，赶紧把中常侍、小黄门等宦官都罢免回家，只留下何进的亲信守在宫中。宦官们害怕何进追杀他们，都跑来求他饶命。何进见宦官们老的少的跪了一地，一个个涕泪纵横，顿时起了不忍之心，于是不顾袁绍的劝阻，让他们安心回自己的封国去。

袁绍担心事情有变，就假借何进的名义，要各地官府逮捕宦官们的亲属。中常侍张让听到风声，非常害怕，就托舞阳君向何太后求情。何太后心一软，又下诏让中常侍们全部返回宫中。

何进听说后，又惊又怒，终于硬起心肠，要将宦官全部诛杀。他立即进宫找何太后，却被得到消息的张让等人拦在了殿外。

何进知道不妙，转身想跑。张让大喝一声："关闭宫门！"然后指着何进就骂起来："天下大乱，怎么能全怪到我们身上呢？我们对你们何家曾经倾力相助，你不顾念这份情谊就算了，还要把我们全部杀死，实在太过分了！"

有人喊了一声："还跟他废什么话！"话音刚落，只见剑光一闪，何进的人头便被砍了下来。

何进的部下吴匡、张璋都在皇宫外等候，听到何进被杀的消息，便和袁绍的堂弟袁术一起杀到南宫门，守在那儿的宦官也拿起武器，拼死抵抗。激战中，袁术放了一把火，想以此威胁宫里交出张让等人。

张让等人见南宫火光冲天，便挟持着何太后、少帝、刘协，从天桥阁道逃向北宫。

袁绍得到消息，立即率军入宫，捉拿宦官，不论老少，一律杀死。顷刻间，宫内血流成河，两千多名宦官丧命，有人因为没长胡子被当成宦官杀死。

张让等人无计可施，只得带着少帝与刘协等数十人步行出宫门。走到小平津①时，他们已经累得气喘吁吁，便坐下休息。尚书卢植与河南中部掾②闵（mǐn）贡拎着剑追了上来，他们指着张让等人说："你们还不快死！"说完，上前砍死几名宦官。

曾经权势滔天的张让，做梦也没想到自己会有这么一天，他拱手朝卢、闵二人拜了拜，再向少帝叩头道别，流着泪说："我去死了，皇上您多保重！"说完，纵身往河里一跃，汹涌的黄河水迅速将

---

① 古代黄河的重要渡口，在今河南孟津东北。
② 属河南尹，掌监察属县。

他吞没。

至此，持续百年的外戚与宦官的斗争终于结束，他们双双在斗争中灭亡，而身拥强兵的董卓也到了洛阳。

成语学习 ①

授 人 以 柄

把剑柄交给别人。比喻将权力交给别人或让人抓住缺点、失误，使自己被动。

造　句：	他脑子一热，把事情和盘托出，以致授人以柄，好事变坏事。
近义词：	倒持干戈

---

① 这个故事的原文里还有成语"倒持干戈"（干、戈，皆兵器。意思是倒拿着枪矛）。